韩博 著

爆款打造
从入门到精通

中华工商联合出版社

图书在版编目(CIP)数据

爆款打造从入门到精通 / 韩博著. -- 北京：中华工商联合出版社，2021.9
ISBN 978-7-5158-3140-4

Ⅰ.①爆… Ⅱ.①韩… Ⅲ.①企业管理–网络营销 Ⅳ.①F274-39

中国版本图书馆CIP数据核字(2021)第 196374 号

爆款打造从入门到精通

作　　者：	韩　博
出 品 人：	李　梁
责任编辑：	胡小英
装帧设计：	回归线视觉传达
责任审读：	李　征
责任印制：	迈致红
出版发行：	中华工商联合出版社有限责任公司
印　　刷：	香河县宏润印刷有限公司
版　　次：	2021 年 11 月第 1 版
印　　次：	2021 年 11 月第 1 次印刷
开　　本：	710mm×1000mm　1/16
字　　数：	245 千字
印　　张：	13
书　　号：	ISBN 978—7—5158—3140—4
定　　价：	68.00 元

服务热线：010—58301130—0（前台）
销售热线：010—58302977（网店部）
　　　　　010—58302166（门店部）
　　　　　010—58302837（馆配部、新媒体部）
　　　　　010—58302813（团购部）
地址邮编：北京市西城区西环广场 A 座
　　　　　19—20 层，100044
http://www.chgslcbs.cn
投稿热线：010—58302907（总编室）
投稿邮箱：1621239583@qq.com

工商联版图书
版权所有　侵权必究

凡本社图书出现印装质量问题，请与印务部联系。
联系电话：010—58302915

前言

在这个产品制胜的时代，优秀企业和商家凭借自身过人的产品优势，占据了市场的大半份额；而大多数企业和商家却只能在竞争激烈的市场中踯躅前行。为何会出现这种局面呢？仔细研究成功者的成长轨迹，你就会发现每一家成功的企业或业绩斐然的商家，都握有一把成功的利剑——爆款！

什么是爆款？简单来说，就是单品绝杀，靠一款产品闯天下，最典型的例子就是苹果、小米、特斯拉等新型互联网公司。比如，苹果手机一年的出货量为2亿多部，自第一代发布至2016年3月26日，苹果手机的销量成功突破10亿部大关，手机连起来相当于地球周长的好几倍。小米、特斯拉同样如此，每款产品都能引爆市场。

当然，传统企业中也有很多成功打造爆品的例子，比如，加多宝，仅凭一罐凉茶，就收获了几百亿；六个核桃，仅用了几年时间，就从0做到一百多亿。只不过，爆品在传统企业中出现得比较少而已。

传统企业一般坚持的都是多品牌战略，或者产品矩阵战略，为了应对竞争对手的攻击，通常都会通过流量产品、利润产品的高低搭配来满足不同人群的需求，最典型的例子就是宝洁，旗下一共有300多个品牌。而加多宝、六个核桃等"用一款产品打天下"的做法，过去在传统企业中简直不可想象，因为传统渠道中的消费群体太分散，单品受众太窄，销量根本无法支撑一个企业的发展，所以必须广种薄收，大网捕鱼。

互联网时代，信息传递更加精准、更加快速，交易打破了时空的限制，"长尾效应"日益凸显，尤其是我国人口众多，借助"长尾效应"的优势，任何小众产品都能聚集大量的需求，靠着一款单品打天下！

借助"长尾效应"的威力，爆品战略不但具备了可能性，甚至还是互联网时代商业的通行证。移动互联时代，没有爆品的企业，将很难生存下去。

在互联网上，信息相对透明，谁好谁坏，谁是第一品牌，用户一看便知，因此，流量会向优胜品牌倾斜，甚至形成垄断；在线下，如果信息不畅或渠道覆盖不到，还会影响处于后面品牌的生存机会，但在互联网环境下，这是绝不可能发生的！流量被集中在第一品牌手中，第一品牌的销量是后面所有品牌的总和，如果不能成为第一，就很难存活下去。互联网时代的生存法则就是集中所有资源打造爆款，抢占第一！

爆款，自前两年出现在人们的视野，直至今日发展得如火如荼。

如果说开始的"爆款"只是尝试，那么后来者对"爆款"的追求，就将"爆款"打造成了销售量提高的一大主要方法。

爆款的打造，不仅要了解单品爆款的基本属性，了解打造的基本功，还要知道具体的打造步骤、文案的写作、宣传和推广等。虽然过程烦琐，但只要掌握了这种方法，就能为商家和企业带来更多的销量。

记住，爆款就是销量，有了销量也就有了收益！

得爆款者，得天下！

目 录

第一章

揭开爆款的"真面目"

第一节　何为爆款 / 2

第二节　为什么要做爆款 / 6

第三节　爆款的思维、技巧和产品 / 10

第四节　打造爆款的好处有哪些 / 16

第二章

单品爆款的五大属性

第一节　市场细分 / 20

第二节　品牌属性 / 26

第三节　产品属性 / 32

第四节　旗舰店属性 / 37

第五节　服务属性 / 42

第三章

打造爆款的五个基本功

第一节　认真调研：做好产品调研，重视测款和选款 / 48

第二节　基础评价：综合多方数据，客观准确评价 / 53

第三节　宣传推广：扩大影响力，打造爆款 / 56

第四节　促进销量：把销量推上去，用什么方法都可以 /63

第五节　做好服务：重视日常产品维护和用户服务 / 68

第四章

打造爆款的五部曲

第一节　找款：慧眼识得能产生爆炸式影响的产品 / 74

第二节　定位：精准定位用户人群 / 78

第三节　价格：根据目标人群的特点合理定价 / 83

第四节　计划：根据市场需求制订爆款计划 / 88

第五节　流量：提高流量也就提高了销量 / 91

第五章

爆款文案打造的五个诀窍

第一节　设计一个抓人眼球的标题 / 98

第二节　激发购买欲望，让用户产生购买冲动 / 101

第三节　进行短暂权衡，赢得用户信任 / 108

第四节　付钱剁手，付款成交 / 111

第五节　做好后续服务，给用户留下好印象 / 116

第六章

单品爆款的宣传和推广

第一节　爆款的推广渠道和平台 / 124

第二节　影响推广效果的四因素 / 128

第三节　不要步入单品推广的误区 / 142

第七章

爆款打造的五个新思路

第一节　用爆款的社交属性，帮用户建立优越感 / 146

第二节　利用外部环境，激发用户的使用欲望 / 149

第三节　从用户心理出发，发挥情绪的能量 / 153

第四节　拓展可讨论空间，引发人们的讨论 / 159

第五节　用生动的故事进行口口相传 / 163

第八章

制胜互联，需要具备五大爆款思维

第一节　痛点思维：抓住用户痛点，就抓住了一切 / 168

第二节　整合思维：整合各种资源，为己所用 / 173

第三节　服务思维：为用户提供高质量的服务 / 182

第四节　跨界思维：跨一步，才能走出去 / 188

第五节　事件思维：紧跟热点事件，提高影响力 / 192

后　记 / 195

第一章
揭开爆款的"真面目"

　　对于任何一种新事物的认知，都需要从其出现、发展、鼎盛等发展过程开始说起，爆款的打造同样如此。在我们学习爆款的具体打造方法与其运作技巧之前，首先要对爆款的真实情况做一番认识和了解。

- ◆ 何为爆款
- ◆ 为什么要做爆款
- ◆ 爆款的思维、技巧和产品
- ◆ 打造爆款的好处有哪些

第一节　何为爆款

爆款，是一种在短时间内突然出现的款品。这种商品可能过去一直都悄无声息，但通过一番运作和传播，就能在人群中产生极大的影响力，就能得到更多人的关注。当然，说到爆款，还要从它的出现说起。同时，在我们梳理最近几年爆款打造的重要事件时，爆款的发展脉络也就自然出现在了我们的眼前。

互联网发展的速度惊人，也让"互联网+"的产业、产品得到了飞速发展。但也正因为速度快、数据量大，许多与互联网有关联的产品，还没有来得及开花，就死在了来的路上。

现在，公司要做产品，就要奔着"我要做爆品"去。在短时间内做不出能被市场接受的产品，只能等着被下一波浪潮覆盖。那么，究竟什么样的产品才叫爆品，如何打造它？为了解释这个问题，我们先来看个故事。

2019年6月18日晚，"口红一哥"李佳琦直播推出一款国货唇釉，1分钟就断货，一场直播共卖出15万支，不仅震撼了业界，还被人们称之为"带货王"。美妆网红千千万，为什么李佳琦就能一枝独秀？

在网红主播盛行的今天，李佳琦之所以能够脱颖而出，坐拥口红江山，背后也是有原因的。首先，他选产品的眼光十分独到，善于从用户体验角度去挑选真正好看好用的产品。其次，他对产品品质要求很严，只推荐自己喜爱的产品，推荐时会发自内心地表达，具有强烈的感染力，这也是主要原因。

为什么是烙色唇釉能够再次刷新纪录？烙色对于产品定位十分清晰：这款唇釉所有的颜色都是对标 300 元以上的奢牌断货色，颜色、外观、手感和涂抹质地等多维度的体验，几乎都与奢牌同级别；该产品的售价还不到奢牌口红价格的五分之一；品牌方和李佳琦有着极高的默契度，在"6·18"晚上直播，产品、时间、价格、活动设计、媒介等更容易引爆，更能刷新纪录。

由此，在这一时间段，李佳琦与烙色也就成了整个"6·18"最完美的搭配。

流行和爆款，是每个产品都渴望达到的效果。对于一款产品来说，只要能实现大范围的传播，引发讨论热潮，就能形成一种类似于品牌般的效应，前景自然也就会一片光明。

一、何为爆款

所谓爆款指的是在商品销售中，供不应求、销售量很高的商品，也就是卖得最多、人气最高的商品。

其实"爆款"一词最早来源于电商，销量特别大的某个单品或某类商品，为了获取流量，打造一个明星商品，之后进行下一步的购买转化。爆款运营能力，决定着企业或商家的流量吸纳能力。

二、爆款的出现和发展

对于爆款产品，用户都不会感到陌生，似乎都是突然出现，然后增长幅度非常大。

爆款产品的生命周期起始于早期用户使用，促进销售额大幅增长；之后，产量增加，其他零售商开始大肆销售；最终，成为主流并达到峰值，停止流行。这是一个由需求推动的周期，趋势会迅速消失。

如今的流行趋势更加富于变化，难以追踪，随着社交媒体和网红营销的出现，潮流趋势能更快地转化成销售额。也就是说，商家需要快速行动。

三、爆款的出现源于偶然

现实中，我们总会听到：某某爆款产品，怎么怎么好，销售怎么怎么样，刷爆朋友圈。那么，爆款究竟是如何打造的？其实，爆款的出现也只是一种偶然。

1. 多方宣传

全方位宣传是爆款打造的核心。在电子商务发达的今天，线上产品的呈现方式多以图片和文字为主。如果信息量不充足，用户消费就无法得到刺激，就会阻碍"爆款"的出现。所以，爆款产品的打造，需要在宣传方式上做大胆创新。例如，使用3D建模、动画制作、视频宣传、业内成功人士解读等方式，让用户从多个角度了解爆款产品。如果条件允许，还可以配合线下实际体验。事实证明，视觉、听觉、触觉等全方位宣传，比单纯的文字图片更易触动受众的心灵。多元化、全方位的宣传是收割用户心理的制胜之道。

2. 优质服务

优质的售中售后服务是口碑形成的条件。某款产品的热卖，除了最初赶热潮的销售，还在于之后口口相传的口碑。好的产品，不仅体现在产品质量，还包括服务质量，如退换货快捷、客服彬彬有礼、物流体系周到安全、产品讲解演示详细暖心……周到完善的服务能将产品的满意度提升到极高的境界。产品质量可以模仿，服务却无法复制。

3. 高品质

高品质是爆品的必要条件。在互联网高速发展的信息时代，产品的高品质只要迅速扩散，就能影响产品的口碑和销量。所以，优选高品质产品是打造爆款的第一准则。选择爆款目标时，首先，进行大量的市场调研，精准地筛选出符合用户需求的商品；其次，优选团队，严格把控原料、制作、工艺、质检等各个环节，实现生产的精细化。

4. 供应链

供应链是爆款持续热销的保障。选定爆款产品后，就要马上跟生产厂家达成战略合作，让厂家为自己提供独家保护条款，保障商家权益，保证产品的供应。

第二节 为什么要做爆款

万事皆有因，这条亘古不变的规律同样适用于爆款。爆款的出现也不是无缘无故的，可能是为了集中消费者的注意力，可能是为了提高影响力，也可能是为了提高收益……但不管是哪个原因，都是市场运作的结果，都是社会发展的结果。爆款，是移动互联网的产物，是用户的必需！

一、爆品的基本特点

"爆品"的特点，主要体现在以下几个方面：

1. 相似竞品比较少

相似竞品少的单品，不仅容易切入市场，还容易打动经销商。而且，终端为这类单品定价，一般都不会有太多的参照，对其价格不敏感，经销商可以借此加高利润，自然也就更愿意推广。

2. 产品独具特点

跟多数产品相比较，爆品与一般品差异性比较大。更具特点的产品，一般都更容易吸引用户的注意力。

3.自带跟随壁垒

产品原料或生产工艺有独特的卖点或优势，竞争对手无法在短时间内跟风生产。自带跟随壁垒，为爆品的打造扫除了障碍。

4.品质基本稳定

这类产品质量一般都比较稳定，能够经受市场的长期考验。产品质量不会肆意更改，更容易赢得用户的认可和信任。

二、爆款的产生原因

如今，很多商家都喜欢将"爆款"这个词挂在嘴边，很多电商都想打造出自己的爆款，可是在做爆款之前，鲜少有人知道互联网经营中爆款的本质是什么？流量大，就代表爆款？卖得多，就能成为爆款？爆款的本质远不是这么简单。要想打造出爆款，就要看看爆款火爆的背后到底有怎样的原因。

1.可能天然存在于市场

爆款并不是无缘无故出现的，在繁杂的市场上，它可能天然就存在，也就是说，那些可能成为爆款的产品，都具有"爆款属性"。所以，要想打造爆品，就要努力挖掘产品的爆款属性，而这种属性就是爆款的本质。

举个简单的例子：

每个做淘宝店、天猫店的商家，都曾经历过一个环节——填写产品属性。仔细观察一下就会发现，流量较高的产品，属性一般都异常复杂。为什么要填写复杂全面的产品属性？因为平台的数据库会根据属性来分类产品，当用户搜索该属性的时候，有着相同标签的产品就会得到匹配，出现在页面上。

产品属性的填写非常重要。如果某种产品能够归类到热卖的属性中，也就是跟搜索量极大的词汇沾边，搜索量乃至销售流量自然就会升高。所以，产品定位如何、属性是什么，对它能不能成为爆款至关重要。就拿这些年流行的"小白鞋""复古风"来说，这两个关键词就是互联网上的热门属性，如果某种产品具备这两个属性，出现在用户面前的频率就会增高。如果产品本身的品质过硬，也就具备了成为爆款的潜质。如果产品标签是"不热销"的，即使推广多次，也很难真正走到用户面前。

要想发掘产品的爆款属性，在选择属性标签时，可以将这些标签分为 2～3 种。首先，最重要的就是产品的功能属性，也就是基本属性，即"这个商品有什么用"。对于销售衬衫的商家，"衬衫"就是它的功能属性；对于销售洗衣机的商家，洗衣机的全自动型、多功能型、滚筒型等就是它的功能属性。

其次，产品还有其他属性，如产品的外观属性，我们称之为风格属性，如"复古""文艺"等。这些特质与产品功能没有直接关系，属于风格属性。虽然产品属性不只有这两大类，但这两类非常重要。在产品描述中如若只偏重其中一种，就可能失去流量和用户。所以，要想成为爆款，就要挖掘出产品的复杂属性。

2.爆款区别于其他产品的不同质

有些人可能会感到疑惑：爆款的属性是热销，一个热销品怎么可能不同质化呢？这就是我们在做产品时需要关注的，即怎样才能将具有热销属性的产品做出差异，让它与非热销的属性完美结合在一起，对产品进行优化和升级。切记：做产品的时候，一定要立足于流行，在流行这个大趋势上，跟着热点进行创新。

最后，用一个简单的词来形容爆款就是"值"。对多数用户来说，他们也许不会买最贵的，不会买最好的，但一定会买最值得的。所以，走小众风格的设计，最终也只能成为小众品。这是为什么呢？因为对大多数人来说，这个产品不值得，只能满足少数人的喜好，很难成为爆款。而我们要做的就是，将产品的性价比调升到最高，即使不是最便宜的，也要让人觉得值得。当然，要想做到这一点，就要注重产品的定位，从品质到价格、对应人群等，都要严格把控。

永远要记得：满足用户心中的购买价值，才是做产品最中心的思想。

第三节　爆款的思维、技巧和产品

要想了解爆款密码，就要从了解爆款思维、打造爆款技巧、爆款产品特色开始。因为，爆款思维决定着商家的行为，产品是爆款打造制胜的关键，而打造技巧决定着最终的效果。只有具有好的产品、灵活的技巧、活跃的思维，才能将爆款成功运作起来，实现销售的目的。

打造爆品时，要站在用户的角度思考问题，努力把握用户需求，实现产品升级，获得用户进一步的认可与支持。

无论是初创企业，还是拥有一定实力的企业，其发展都离不开用户流量的支持。但传统企业与现代互联企业在流量管理及运营方面却存在明显的区别。例如，对传统企业来说，经营者只要扩大自身规模，积累品牌效应，采用多元化的推广方式，就能吸引大批用户的驻足。

互联网企业在流量管理及运营方面有着明显的差异。在很多情况下，产品本身就是企业的流量载体，如果品牌效应、企业规模等对用户的吸引作用不是很明显，企业要想在竞争中占据优势地位，就要推出爆品来获取更多流量。

一、爆款思维

真正的好产品，应该具备哪些爆款思维呢？笔者觉得，可以概括为以下几点：

1.将设计做到极致

对于一款产品，首先体现的是它的设计。产品设计，不仅体现在功能和外形，还要植入产品理念。比如，乔布斯追求苹果手机的极致设计，化繁为简，力求完美。这种精益求精的精神，给产品贴上了"匠心"标签，让苹果公司成为独一无二的"巨无霸"。

此外，设计还要从人性出发。为了满足时下年轻人的喜好，就要重视"炫酷""好玩""个性化"等特性。因为只有这样，才能征服挑剔的用户、才能俘获他们的眼球。

2.较高的性价比

一款产品能够受到用户的欢迎，跟性价比有着密切的关系。也就是说，产品设计得再完美，只要多数用户买不起，销售额不高，产品销售就会形成无法突破的瓶颈。对于这点，小米就做得不错。雷军成功地解决了这个问题。小米产品的性价比比同类产品更胜一筹，已经占据了用户头脑，销量非常不错。

3.解决用户痛点

从本质上来说，产品就是为了帮用户解决问题。一款产品，解决不了用户的问题，多半都会失败。真正的好产品，都能集中力量解决用户痛点。哪里有痛点，哪里就有商机。跟着用户的痛点走，是商家提高销售额的不二法则。

比如，摩拜单车，开始的时候很多人都不看好，结果却成了"2016年最受瞩目的好项目"，还获得了腾讯在内众多机构的巨额投资。根本原因就在于，摩拜单车抓住了用户需求，解决了上下班"最后一公里"的痛点；通过技术实现了智能定位和无桩停车等功能。最终，成功突围！

4. 给用户愉悦的体验

产品的好坏是由用户来决定的，用户体验异常重要。近些年，很多实体店都关门了，问题不一定出在产品身上，很可能是忽略了用户的购物体验。要想打造爆款，就要关注用户体验。比如，海底捞之所以能够将自己的品牌成功树立起来，就是因为极致的服务。用户到店里就餐，都能享受到细致周到的服务，通过口口相传，海底捞的名声也就打响了，连广告费都省了。

5. 赋予品牌价值

有些产品永远只能是产品，无法形成价值认同，关键就在于它的创始人。在打造爆品的过程中，创始人要给产品赋予独一无二的精神价值，将产品一步步打造成品牌，最终在用户心中留下深刻印记，引发直接的品牌联想。比如，乔布斯与苹果、马云与阿里巴巴、雷军与小米、董明珠与格力……都是很好的示范榜样，值得学习。

记住：企业的成功，最终取决于它的价值观。

二、打造爆款的技巧

这里主要涉及爆款打造的步骤和方法。

1. 打造爆款的步骤

爆款的打造通常需要经过以下几个步骤：

（1）对爆款进行预热。利用店里的信息告知窗口，预热活动单品，可以让更多的人提前知道。具体方法是：通过短信、邮件、微信等方式告知新品活动的信息，以及优惠券的发放情况。

（2）优惠活动的执行。爆款单品的起点价格和起点销售，是为了展示商品的价值，基础销量和评价都是为了获取自然流量，提高搜索排名。小幅度的优惠活动，能够提高转化率，预热爆款，引爆销量。通过各个基础点的优化，提高转化率，就可以抢占更多的流量入口。

（3）自然流量的引入。淘宝站内的搜索是商品流量的主要入口，健康的单品流量占比在 3%～60%，而做推广最想要的就是免费的搜索流量，当然自然流量是不可控的，必须制定一套可控的流量获取办法，如此，就要涉及付费流量的获取了。关于这一点，在此先不赘述。

（4）直通车、淘宝客、钻展等流量的引入。在优化了各种转化率之后，还要展开促销活动。记住：活动的规模越大，流量越大、越精准，越能带动用户的从众心理，提高成交转化率，形成羊群效应。即使不举办大型活动，也要策划一些店内的促销活动。

（5）参加官方和第三方平台的活动。促销活动有节奏、有针对性地进行，就能形成销售的火爆场景；之后再提高客单价，就能带动次爆款的销售。持续引入更多的付费流量，做好老用户营销和关怀，设计好用户体验，保证商家或门店和商品的安全，保持商品的评价和动态评分高于同行，就会持续爆款销量。

2. 打造爆款的方法

爆款打造的常用方法主要有以下几种：

（1）新品型爆款。要想打造新品型爆款，就要积极抢占市场先机，提前发布产品或预售商品，优先抢占市场；同时，还要具备丰富的、专业的从业经验，能预测到当时市场的需求。

（2）老用户型爆款。针对老用户展开促销活动，做好用户关系管理，积极开展老用户营销活动，增加商家或门店的用户黏性，吸引老用户来参加。

（3）跟进型爆款。后来者居上，通过前期的价格优势，使用各种推广方法，提高流量，降低价格，实现高转化，实现爆款的打造。

（4）节日活动型爆款。例如，重大活动、店庆、节假日等活动。需要注意的是，爆款最考验商家或门店的运营能力和综合实力，必须做好商家或门店的基础工作，协调好前端和后端各个环节。另外商品的备货要充足，质量要好，服务要到位，商品网页介绍和优化要跟上，发货要及时。

三、爆款产品

什么特性的产品适合打造爆款？通常爆款的产品具备以下几个特点：

1. 有代表性

要打造爆款的产品，必须具备一定的代表性。在价格、风格等方面，更要符合商家或门店定位。

2. 可持续性

作为爆款打造的产品要具备升级换代的能力，具备关联销售的能力，能带动商家或门店其他产品的销售。

3. 稳定性佳

产品的稳定性主要在于：供应链稳定、库存充足、品质稳定和评价良好。

第四节　打造爆款的好处有哪些

企业之所以采取爆款的策略，关键原因还是这种方法能够给企业带来好处，如标志产品、获得关联交易等，而这些都能吸引用户、扩大影响、提高销量。既然好处无限，为何不加重用？

人们经常在网上购物就会发现，食品或当季服装类产品都有其流行趋势。在流行趋势中，总会出现几款特别受用户欢迎的产品，不论是搜索量，还是销量，都遥遥领先。这类产品，就是爆款。

在市场竞争中，爆款往往供不应求，销售量很高，也就是人们口中常说的"卖得多，人气高"的商品。

很多商家刚开始销售产品的时候，会把自己的时间和精力集中在信誉上，认为信誉最关键。不可否认，对于大多数人来说，信誉确实是一个衡量诚信的标准。但是，没有有利的产品支持，信誉也就成了华丽的外表，华而不实。因此，当皇冠甚至金冠在网络平台横行的时候，有多少用户会看中一个皇冠信誉，又有多少用户会看中拥有好口碑的爆款？

有时候，有的钻石商家或门店甚至还不如新商家或门店。原因就在于，有些平台为商家提供免费扶持，帮助它走出第一步。但随着级别越来越高，一旦上升到钻石商家，就无法享受这种优待了。这时候，不能靠免费流量提升排序，只能靠自己的真本事打天下。因此，爆款尤为重要。如果在这一期间内，一个爆款都没打造出来，那么在茫茫商家或门店中，很快就会就被淹没，要想再打造爆款，就需要投入更多的时间和金钱。

众所周知，在同样发展稳定的前提下，小商家或门店肯定不如大商家或门店，但爆款对于商家或门店来说，犹如实体店的"镇店之宝"，起到标杆和引流的作用。做得好的商家或门店，完全可以打造全店爆款。

爆款的本质，并不是说价格低、销量高就行。因为有时候，仅靠低价并不能为商家或门店带来长远利益，低价产品会限制商家或门店的定位，缩减商家或门店的利润。好的爆款产品，应该在合理利润的前提下，符合广大用户对于产品的要求，且可以通过自身产品，实现流量和销量的快速增长。那么，爆款的作用到底有哪些呢？

（1）带动关联销售。爆款本身存在的目的，不仅仅是单品卖得好，更大的作用在于对商家或门店的带动作用，类似于"鲶鱼效应"。如果商家或门店的产品普遍卖得比较低迷，爆款产品就能实现快速引流。同时，通过关联销售，还能带动其他销量较差的产品。由此，完全可以通过活跃的爆款，让其他产品跟着活起来。

（2）产生品牌效应。爆款可以产生品牌效应，只要用户记住了商家或门店的爆款，记住了商家或门店本身，就能像代言人一样，将商家或门店推广出去。因此，要打造的爆款其本质应该是符合商家或门店需求的优质产品。也就是说，爆款只有做好品牌定位和商品企划，才能发挥出最大威力，才能成为健康的爆款模式。

（3）标志一类产品。爆款可以变为商家或门店的标志产品，这一点在自主研发的产品中体现得淋漓尽致。例如，彩色辣椒酱、麻辣小龙虾等，爆款产品能为商家或门店代言，还能考验供应链的快速响应能力。

第二章
单品爆款的五大属性

单品爆款之所以能取得好的发展势头,需要从其具备的五大属性说起。面对饱和的市场,爆款着眼于细分市场,发现了自己的蓝海;爆款具有一定的品牌属性,能够提高品牌的影响力。爆款都是优质产品,能够满足用户的某种需要;优秀的爆款,都是旗舰店的必备。同时,爆款还能为用户提供超体验的服务。

◆ 市场细分

◆ 品牌属性

◆ 产品属性

◆ 旗舰店属性

◆ 服务属性

第一节　市场细分

爆款的出现，也是市场细分的结果。如今的市场，已经被各行业纷纷占据，几近饱和，远远超员，要想打造爆款，就要从市场中突围，从细小领域入手，满足用户的某一方面需要。当我们能够将这一点做到极致的时候，当你的产品能够为用户提供超预期的服务的时候，用户就会信任你，下单你的产品，你的产品就会成为爆款。

市场细分这个概念于20世纪50年代中期由美国著名市场学家温德尔·斯密提出，它是指按照消费需求的差异性把某一产品（或服务）的整体市场划分为不同的子市场。市场细分和目标市场营销是市场营销战略的核心内容，决定着营销的成败。

曾几何时，伴随着国内市场的兴盛，一些车企放弃了轿车研发而专攻车型，广汽传祺却保持着清晰又坚定的研发思路，坚持两条腿走路，在细分车型上做足了功夫。

在售价超过20万元的中高端领域，传祺GS8自上市以来就供不应求，连续月销量破万。2017年上半年累计销量达50622辆，与丰田汉兰达、福特锐界形成了"三足鼎立"的市场格局，成为中国品牌高端化突破的标杆。即使后期受变速箱供应不足的影响，不得不主动降低产能，传祺 GS8 依然在 8 月创下销量 7072 辆的好成绩。

在紧凑车型领域，传祺 GS4 简直就是异军突起。月均销约 3 万辆，成为既叫好又叫座的紧凑车型。在 2016 年紧凑车型细分市场排名中，广汽传祺 GS4 夺得"中国品牌第一"的桂冠。2017 年上半年，传祺 GS4 销售 180725 辆，同比增速 25%。

市场获得成功之后，广汽传祺在轿车领域也不甘落后，捷报连连：2017 年 1～8 月，传祺 GA6 参数累计销量 16802 辆，同比激增 194.2%，位居 B 级轿车市场中国品牌前二；定位于豪华座驾的传祺 GA8，连续多月领跑中国品牌 C 级高端车型市场，成为品牌 C 级豪华轿车销量的领头羊。

在轿车与紧凑车型齐头并进均衡发展的带动下，广汽传祺 2017 年上半年销量突破 25 万辆，为 2020 年挑战产销 100 万辆打下了坚实的基础。

市场是由教育、年龄、兴趣、收入、职业、态度、居住条件等各不相同的用户组成的。他们各有所好，且希望产品能反映他们的需要、愿望和生活方式。市场如此庞大，仅制定包罗万象的市场策略，是无法影响每个用户的购买行为的。只有通过市场细分，才能将总体的大市场划分为若干个子市场，企业才能根据自己的条件，做出正确的选择。因此，必须将整个潜在市场分解为较小的部分，作为产品的销售目标。

一、市场细分策略

将市场细分，市场策略会更有针对性，更可能占领目标市场。用户行为的研究，为更好地了解用户及其需要和兴趣提供了依据，并为市场细分奠定了必要的基础。

市场细分的直接目标是确定用户群对产品差异或市场营销变量的不同反应，为公司找到最大的潜在用户群。进行市场细分，可以采用以下三种策略：

1. 先期划分

先期划分的主要任务是依据事先确定的用户群，对爆品的不同要求、对市场营销组合变量的不同反应进行划分。这种细分建立在便利或传统的基础上，但实践证明，结果总是不尽如人意。

2. 后期划分

后期划分的主要任务是通过实证研究，根据用户对某类问题回答的相似、相异情况进行划分。

3. 随意划分

随意划分的主要任务是在不知道细分市场的数量、类型及因何不同等情况下，进行细分。

二、细分市场的方法

如何细分市场，怎样去开拓？这里就涉及了爆款细分市场的方法。

1. 市场细分前，先区隔市场

一个产品适合一个年龄段的人群，该年龄段就叫整体人群的区隔人群。群体大就是大的区隔人群，群体小就是小的区隔人群。人群可根据年龄划分为婴儿、幼儿、少儿、少年、青年、壮年、中年、老年等区隔；当然，还可以从性别上、经济能力上等进行区隔。所谓区隔就是，区隔出一个大的市场人群，也叫市场区隔，可以用一个产品类别去对应，除了对应不同年龄，还可以对应男性、女性。在男性和女性当中，还可以从年龄上对应青年女性、青年男性或中年女性、中年男性……这些都叫区隔。

有些产品适合从年龄上区隔，有些产品适合从性别上区隔，还有些适合从经济能力上区隔。共性的需求产品只要从年龄上直接区隔就可以；市场上的产品，不仅是共性需求的产品，还有满足其他方面需求的产品，如满足爱好的、满足娱乐的、满足欲望的。不同的产品针对的人群不同，只要把产品对应的人群分开，就能形成多个区隔的人群范围。

在区隔市场的基础上细分市场。在区隔市场中，还可以将已经区隔的人群进行细分。比如，一个产品面对 25～35 岁的女性群体，这是它的消费人群。如果是女性化妆品，市场已经非常成熟，该年龄段的用户已经无法满足产品给其带来的产品共性利益，就要进行细分。具体方法是，在产品的共性利益基础上加上个性利益，然后针对该年龄段不同特点的人，找到不同的个性利益点。

什么叫对应利益点呢？比如，生产一块香皂，共性的利益是去污、杀菌，该利益对这个年龄段的人都有作用，但细分之后就会产生不同：美白香皂，对应了去污、杀菌、需要美白的人群；而润肤的香皂对应了需要润肤的人群，还有需要保养的、需要防衰老的等。记住，用产品的特点对应

25~35岁的人群里每一种个性化的利益需求人群，就叫细分。

2. 市场逐渐成熟，细分越来越细

随着市场竞争的加剧，在大的细分条件下还可以出现更细的细分。比如，服装的细分，可以从职业上分，可以从生活方式上分，还可以分早上、中午、晚上的服装。在这些服装中，每种还可以对应不同的性格人群。比如，如果女孩比较活泼，可以穿活泼一点儿的服装；如果比较内向，可以穿比较素雅或比较内敛的服装。

服装的大类别里，可以分出商务的、休闲的，还可以有商务休闲的。在休闲里，还有很多种类，如户外攀岩的、户外野游的、户外运动的，还有户外时尚的。同样，有户内的、户内休闲的、户内时尚的、户内放松的和户内性感的等。总之，可以分很多，都能满足不同人群的不同需求。

在一个需求方式里，同一个人在不同时间点上的需求也不同，这也是细分。只不过，这些细分是有条件的。条件是什么？就是市场条件。什么叫市场条件？就是在做细分产品时，要考虑市场成熟不成熟。市场还没成熟到一定程度，就不要细分。

20世纪七八十年代，女性都喜欢抹雪花膏，但随着市场经济的活跃和人们生活水平的提高，更多的好产品进入人们的视野，人们对美的认识也发生了改变，对一些高档化妆品也从被动需求变成主动需求，市场就这样逐渐成熟起来。市场成熟之后，出现了更多的细分产品，不同概念的产品需求也就产生了。

值得注意的是，细分市场不是根据产品品种、产品系列来进行划分的，而是从用户的角度进行划分的，是根据市场细分的理论基础，即用户的需求、动机、购买行为的多元性和差异性来划分的。产品细分是市场细分的结果，市场细分对企业的生产、营销发挥着重要作用。

第二节　品牌属性

爆款，往往代表着某个品牌，代表着品牌形象。只要能成功打造一个爆款，企业就能成功树立品牌形象，继而影响到其他产品的销售。品牌的作用，不可小觑！爆款对品牌打造的影响，对商家的影响，更要引起高度重视。

品牌属性是指用户感知的与品牌的功能性相关联的特征。

一、品牌属性的内容

品牌的属性可归纳为以下四个方面：

1. 品牌就是产品

"品牌就是产品"这句话最早出自美国品牌大师大卫·爱格，他认为品牌是产品的代表。

人们的想象力是丰富的，只要提到某个品牌，多半都会引发一些联想。这些联想会使人们认为品牌指的就是产品，就会从下面五个角度认同"品牌就是产品"，如表2-1所示。

表 2-1　品牌就是产品的五个认同角度

角度	说明
品牌与产品类别	当人们提到某个品牌时，立刻会想起某类产品，比如，提到"波音"，会想起飞机；提到"劳斯莱斯"，会想起汽车；提到"劳力士"，会想起钟表；提到"宝洁"，会想起洗发水等。这些品牌已经成为它所服务的产品的形象代表
品牌与产品特点	当人们提到某个品牌时，可能立刻就会想到它与众不同的特点。比如，提到"酒鬼"，就会想到怪异的酒瓶包装；提到"肯德基"，就会嗅到鸡翅的香味
品牌与使用价值	当人们提到某个品牌时，可能马上会想到它的使用价值。比如，提到"曲美"，就会想到减肥；提到"飘柔"，就会想到柔顺头发
品牌与产品质量	当人们提到某个品牌时，可能想起它的质量如何。比如，提到"雀巢"，就会想到好咖啡；提到"蒙牛"，就会想到好牛奶
品牌与产地	提到某个品牌时，人们可能会立刻想到它的产地。比如，提到"奥迪"，就会想到德国

由此可知，提到某个品牌时，让人们产生联想，就会认为品牌就是产品。

2. 品牌就是企业

"品牌就是企业"意味着，出现某一品牌时，该品牌代表了企业的称谓。今天，为了提高影响力，很多企业都会将品牌与商号融合在一起，由此自然也就造成了"品牌就是企业"的认识。比如，"健力宝"，既是一种饮料的品牌，也是一个企业的名字。品牌就是企业，归根到底还在于用户对生产商的认同。

3. 品牌就是人格

人格是指人的性格、气质和能力等特征的总和。人是情感化的动物，一直以来都是根据自己的喜好去下单购物。因此，打造品牌时，要努力让目标用户喜欢自己，甚至需要投其所好。

美国人喜欢自由，于是"花花公子"品牌就找麦当娜作为形象代言人；年轻人喜欢刺激、冒险、勇往直前，于是"阿迪达斯"就请乔丹来代言。通过信息的反复灌输，代言人的形象就会被融入品牌形象，代言人的个性就会潜入品牌的个性，由此品牌也就成了人格。

4. 品牌就是象征

这一属性可以解释为：用户为何喜欢某一品牌？人们常说，"个性"的把握比较抽象，而"象征"的东西就比较形象。"奔驰"品牌，要想做人格化处理，可能很难下手；但只要将它看作是"质量的象征"，就会容易很多。

总之，品牌的属性能够让人们进一步了解了品牌的内涵。品牌在市场上传播的不仅仅是符号和识别信息，更能促进产品销售、生活享受和社会文明。

二、品牌属性的要素

用户一般都是从质量、价格、便利性三个角度看待品牌属性的。

1. 质量

可以把质量具体分为四个部分：实物产品（当产品是实物时）、服务提供、服务环境和服务产品。真正关心爆品质量的企业，要系统地调查这四个要素的业绩表现情况。

（1）实物产品。企业在实物产品上投入的精力最多，质量变革多数都是以生产为导向，实物产品的质量好，就能提高用户的质量感受。但是，随着质量控制方法的成熟和扩散，企业以质量为基础来进行差异区分会越来越难。这时候，就可以借助质量的其他要素，来构筑竞争优势的基础。如此，服务也就成了人们下一个关注的焦点。

（2）服务提供。服务提供就是企业兑现承诺的过程，也是质量的一个关键要素。服务提供包括许多方面，如应答、保证等。在服务行业中，服务提供常常是最重要的竞争砝码，是质量中保持稳定最难的一个要素。

（3）服务环境。也就是提供服务的氛围。在一些服务行业中，提供商会为客户提供服务环境，服务环境也就成了一个空间。例如，汽车展览厅就是汽车经销商质量好的一个重要组成部分。

（4）服务产品。服务产品指的是能够向用户传递的服务。例如，教育是服务产品。提供商品的公司和提供服务的公司都有服务产品，服务的内容取决于他们提供的产品组合。

2. 价格

价格竞争有许多不同的方式：

（1）天天低价。这也是沃尔玛广泛使用的一种策略。沃尔玛是美国的巨型零售企业，其不是通过经常性的大减价来吸引用户，而是长期低价。这个策略很成功。

（2）折价和大减价。以短期实惠吸引用户，是日用消费品企业喜欢采用的一种方法，因为用户都会冲动购买或临时购买。

（3）付款计划。有些房地产经销商会打出类似"7月1日前零利率"的宣传口号。

（4）活动促销。一次性或短时期的打折会吸引用户来尝试一个新品牌，或让现有用户购买新产品。但是，应当慎重地和战略性地运用价格促销，过于依赖于打折，会吸引来非优质用户：他们对价格异常敏感，一旦打折结束，就会消失。另外，价格促销范围不能太广，否则不论价格多高都乐于购买的用户也会利用打折。并且，不能太过频繁地打折，以防止人们怀疑品牌的真正价值，破坏对品牌的信任。

考虑到公司与用户的关系，认为价格促销是可行的，那么计划就可能成功。对现有用户进行交叉销售时，就可以传达给用户这样一种信息：打折是对他们的感谢。向新用户介绍产品和服务的时候，可以把促销当作欢迎他们加入一个群体的邀请。两种战略都对忠诚有益，又可以避免上述问题。

3.便利性

便利性是衡量用户搜寻成本、交易成本高低的标准，一般包括如下几个因素：

（1）可获得性。可获得性包括营业时间、地理距离等因素。对于这一点，最明显的解决方式就是公司在更多场所或通过多种渠道提供产品和服务。比如，连锁餐馆开在诸如沃尔玛这种大型商店中，在机场开设零售商店。

（2）方便使用。类似计算机软件等产品，一般都很难掌握，不易使用，所以使用方便尤其重要。虽然软件升级能提高质量，但使用方便性比提升要容易，容易操作的产品更能让品牌属性得到大幅提升。

（3）简便性。通过简化手续和程序，可以节省用户的时间。如加油站允许用户在油泵旁付款，使得购买更轻松。

第三节 产品属性

任何产品都有自己的属性,如用户感兴趣、具有代表性、符合大众需求、高代表性等。这些都足以吸引用户的关注度。只要产品的某一属性满足了用户的需求,或为用户解决了问题,用户就会信赖它。而这就是爆款打造的意义所在。

产品属性,是指产品本身所固有的性质,是产品在不同领域差异性的集合。也就是说,产品属性是产品性质的集合,是产品差异性的集合。

一、产品的决定因素

决定爆品的产品属性主要包括:

1. 用户需求

马斯洛的需求层次理论告诉我们,人们的需求分不同层次,从生理需求、安全需求到社交需求再到自我实现需求,实现了从物质需求到社会、精神、文化需求的升华。不同产品能够满足用户不同层次的需求,需求的层次决定了产品的物质与精神是如何在功能与文化层面实现统一的。好的爆品,都能满足用户的基本需求。

2. 用户特性

"目标消费群体"的特点决定了这一"群"人的个体意识与集体意识导致消费心理的差异，消费心理的差异导致了个体消费行为的差异，这些差异性的用户个体最后形成了爆品消费群体的群体行为。这种群体行为的宏观层面规律性可以被观察到、被测量到，能够对爆品及品牌的传播给出指导。

3. 市场竞争

行业进入的壁垒、资本密集还是技术密集，决定了爆品面临的行业竞争的激烈程度。一个行业可以形成几大寡头垄断，可是在寡头形成的过程中，这种竞争异常惨烈，在某种程度上也是无序的。无序的竞争会直接导致用户权益的损失，企业要甄别市场的竞争结构，制定出自己的竞争策略。

4. 价格档次

价格的形成最终是由供求关系及竞争态势决定的。在宏观层面，价格的高低决定了产品是奢侈品还是必需品，这同样是用户不同层次需求的体现。用户对价格的微观敏感性、弹性以及宏观的价格弹性，决定着产品的价格层级。

5. 社会属性

个体从来都不是孤立地存在于社会之上的，有些产品的消费从来都不仅仅是个体消费的体现；有些关乎国计民生的产品，具备显著的社会性，牵动着社会的方方面面，决定着用户对企业的信任。

6. 渠道特性

渠道的集中度与特性是由产品需求与用户特性决定的，反过来，渠道特性也形成了产品的渠道属性。不同渠道内销售的产品，定价策略及传播推广策略都有很大的不同。

7. 安全属性

产品的安全性，是指产品在使用、储运、销售等过程中，保障人体健康和人身、财产安全免受伤害或损失的能力，如食品、化妆品、住房、交通等产品就属此类。

二、有潜力的爆款

面对变化中的政策及法律环境，企业要适时调整自己的产品及竞争策略，以应对政策及法律风险。有些商家会问：既然爆款不是低价产品，那爆款应该是哪一类产品呢？选择产品的时候，如何才能选择一款具备爆款潜能的产品呢？

1. 看看用户对什么感兴趣

首先，爆款是用户更感兴趣的产品。比如，回力运动鞋，在即将被人们遗忘的时候突然闯入大众的视野，就是由兴趣决定的。小时候很多人都穿过回力鞋，后来随着外来品牌的不断涌入，回力似乎被遗忘了一段时间。但是，用户对国货的关注度越来越高，兴趣回归到国货之后，回力单款鞋子凭借回忆杀又迅速活跃了起来，成为爆款。这就是一款产品能否激起用户兴趣的重要性。

2. 找到具有代表性的产品

一个爆款产品需要有一定的代表性，可以是商家或门店类目中的代表款式。例如，主做辣椒，就不能找一款芝麻酱或其他调料来做爆款，因为相对于商家或门店的主流产品，其他产品都是相对独立的产品。爆款产品，不管是在价格和风格上，还是在目标消费群体上，都能切合商家或门店的整体定位，并具有代表性。

3. 选出符合大众需求的产品

通常情况下，爆款应符合大众需求，虽然也有些小类目产品做爆款的。相比较主流产品，它们更加新颖，但用户接受的时间会更长。因此，对于中小商家来说，打造一款符合大众需求的产品，更容易形成爆款。

4. 稳定性强的商品值得信赖

这个特点和性价比有直接关联。也就是说，产品质量有保证，才能做出稳定发展的爆款。有些昙花一现的爆款，虽然美丽，却不中用。面对激烈的市场竞争，质量好、产品供应和价格都稳定的产品，才能立于不败地位。

5. 高性价比的商品更受欢迎

在市场中的同类产品中，高性价比的产品更容易成为爆款。一款产品款式好看、质量好、做工好、价格适中，往往更容易得到大众的认可，好口碑也会不断积累起来。

6. 需求度高的商品才有高销量

很多爆款都能解决用户痛点，是用户强烈需求的产品。例如，小黑伞，就是抓住了用户"怕晒"的痛点，通过最大限度的防晒来满足用户需求，迅速打造出了爆款。

7. 重视复购机会多的产品

爆款产品的最后一个特点就是能够让用户反复购买,通过产品本身让新用户变成老用户、回头客。

款式好、质量好、价位好、能解决痛点的好产品,哪个用户会不喜欢?把产品打造成爆款,可以吸引很多有需求用户和潜在用户。如果产品确实不错,就会一传十,十传百,在最短的时间内打开市场。

第四节　旗舰店属性

旗舰店，既然是"旗舰"，定然在业界占据着重要的位置。代表了人们的生活方式，代表着该品牌在市场中的地位，爆款就具备这样的属性。不仅有着自己的独特特色，还在用户群中有着广泛的影响，是品牌在市场中的形象塑造。

旗舰店，不仅是一个概念、一个品牌、一种哲学、一套生活方式，还是品牌在城市中的最高形象展示店、业界的顶级示范，更代表着品牌在城市中的首席地位、在用户心中最广泛的认可。

一、旗舰店的巨大作用

1. 大力传播品牌文化（主题）

品牌旗舰店的重中之重在于对品牌文化的输出，品牌能够通过旗舰店中更具个性的购物体验，提高用户忠诚度，使得其更依赖品牌。

为了庆祝品牌成立 40 周年，2016 年日本潮流百货 Beams 在新宿三丁目新开了东京旗舰店。除原本的男女装、配饰以外，家居、唱片、玩具、手工艺品等品类都成为其重要组成部分。

Beams 的初衷是将世界上最好的东西都带来东京。2005 年在我国香港地区开店，之后在欧洲也开了分店，这一趋势逐渐变成了将东京最好的产品带往全世界。东京新开的旗舰店 8 层空间便均是以日本制品为主。

一层入口处：展现了日本传统艺术，陈列着来自世界各地的各种产品，包括 T 恤、家居、厨具和纪念品。

地上一层至五层：主题为 Beams Japan，每一层都展示着不同类别的商品，如陶器、手工艺品、传统绘画、书本、杂志、纪念品等。

负一层：餐厅 Craft Grill 提供混合着日式传统的西餐。餐饮空间内部还设计了大量黄铜制啤酒管道，装有日本特色的生啤。

2. 尝试体验升级（服务）

如何吸引更多客流、制造话题？品牌已经做了很多尝试，但新概念需要试行再到落地。旗舰店，不仅可以作为新概念体验的展示场所，还能够实际测试用户对新概念的反应。

Zara 于 2016 年 3 月在美国纽约 SoHo 新开了旗舰店 Zara SoHo。这家门店第一次配置了智能试衣间，门店的位置、面积、节能环保设施、设计和科技应用都是全球顶级水准。

商家在一个电子触摸屏上为用户选定一个房间，并扫描其挑选的衣服，试衣间的电子触摸屏就能同时看到相关信息，如别的尺码有没有库存、还有哪些其他颜色等，还可以呼叫商家帮忙。

科技让试衣服的效率也提高了，商家可以通过这个设备监测到试衣间的空置情况，同时减少试衣间偷窃事件。

3. 展示品牌形象（视觉）

旗舰店一般都位于繁华城市中心区域或商圈，国内外大牌商铺林立。旗舰店作为品牌面向广大用户的展示门面，必须用亮眼的形象抢占目光。专属的外立面成为用户辨识品牌的重要标志，同时也是吸引用户的重要手段。特别位于商业繁荣、大牌扎堆的热门商圈，具视觉冲击力的形象才能第一时间抓住用户目光，各大旗舰店在外立面设计上可谓是花尽心思。从外立面、内部空间到每一处细节设计，唯有精心打造，才能创造无与伦比的感受，让门店不再是一处单纯的销售场所，而是成为品牌的精神图腾、成为用户必到的游览地标。

（1）Apple store。为了诉说"将用户体验做到极致"的理念，Apple store重金邀请设计大师，从吊顶、玻璃、地砖、木凳到陈列桌，亲自挑选每样设计元素，追求极致，并于2013年将苹果店面设计注册成商标。

（2）Gentle Monster旗舰店。Gentle Monster的每一家旗舰店都有一个主题，如北京店的"住宅"；香港店的"火车月台"……因此，"没有固有的形象标识"就是这个品牌的"标识"。同样，上海店的主题为"The Artisan"，体现的是"匠心精神"。其独立于产品外的话题性，让用户蜂拥而至。

4. 高调入市造势（扩张）

旗舰店还担任品牌首次进驻某一区域、开启新市场门店扩张战略的重要角色，可为品牌探索新市场、入市造势。

2016年9月，优衣库在新加坡的旗舰店开业，是优衣库在东南亚地区最大的门店，总共三层楼，面积为2700平方米。该店是优衣库进驻新加坡 8 年以来的第 25 家门店，与设立在纽约、伦敦、东京的 3 家全球旗舰店并列，位于品牌全球扩张计划中的战略地位。

二、爆品具有打造旗舰店的属性

用互联网思维打造爆款旗舰店的六大准则如下，供大家参考：

1. 店主要选好角色

到底要安排什么样的角色呢？由店主来定。在特定的情境之下，一定要有情境的创造者、情境的用户和情境氛围的烘托者。情境的创造者以第一人称的形式出现，是整个故事脉络延展的动力源泉，相当于店主；情境用户是融入故事脉络中的用户，有它故事才会完整；情境氛围的烘托者是服务员，相当于门店客服。

2. 提高趣味性

任何针对新生代消费群做的事情，都要遵循有趣这一标准——提高趣味性。不过，他们的趣味点可能稍有不同。比如，针对快消品，他们的兴趣是什么？针对服装，他们的兴趣是什么？针对化妆品，他们的兴趣是什么？针对小饰品，他们的兴趣是什么？商家要学会说话、学会创意、学会设计，围绕"有趣"来进行。

3. 店主要当好导演

是谁在导演这场戏？当然是店主。好的店主必须是一个好导演，能够将故事演绎得精彩，把角色诠释得完美，把文化传递得自然。当然，其中的风格、灯光、舞美、背景、道具等，也要想得透彻、用得准确。另外，需要为用户设计适当的角色，用户不是观众，而是整个故事的重要角色之一。

4. 给用户讲故事

"80后""90后"新生代消费群不喜欢说教，但喜欢听故事，因此学会讲故事非常重要。店主要为故事选定几个有效的脉络，然后按照这些脉络去发展故事。当然，也可以从角色中挖掘故事。比如，世界杯期间，可以讲述世界杯的故事；"情人节"，可以讲述情人节的故事。

5. 设计合适的情境

在一个符合新生代消费群的故事情境里，所有的一切都是道具，喜爱的可以说下去、读下去、看下去，喜爱的可以购买拿走。爆品门店更像一部情景剧，要让大家都进来，一起玩，一起动起来。

6. 鼓励用户参与

像电影院的银幕一样，只是商家卖力演出，用户只睁大双眼观看，恐怕再精彩有趣的故事，也会沦落为审美疲劳。因此，要让用户参与进来，充分地演绎属于他们自己的角色。

第五节　服务属性

爆款，都能为用户提供最佳的服务，以及最佳的消费体验。对于爆款，销售的不仅仅是商品，而是为用户提供的服务。今天的产品市场，拼的就是服务！因此，在打造单品的过程中，一定要重视服务，要为用户提供最佳的服务、提供超预期的服务体验。

一、爆款能为用户提供最好的服务

可以把用户服务划分为以下三类：与用户做好沟通；识别和了解用户的需求；洞悉需求的发展，随机应变。

1. 与用户做好沟通

良好的沟通，以及与用户建立互相信任的关系，是提供良好用户服务的关键。与用户沟通的过程中，对用户保持热情和友好的态度非常重要。用户需要与商家交流，当用户找到商家时，是希望得到重视、得到帮助和解决问题。

据不完全统计，用户的抱怨只有30%能直接传达到门店，而门店与用户缺乏交流，门店就无法获知用户的抱怨。一旦用户抱怨积累到一定程度，而门店却不知道，久而久之，这些抱怨就有可能变成投诉。对于大多数用户来讲，一般都容许门店出现一些非原则性错误，只要门店加强与用户沟通，及时了解用户抱怨，并且及时改正，同时将自己敬业、热心、真诚和周到的一面展示给用户，用户就会满意门店提供的服务。所以，门店应加强与用户的沟通、交流、回访，及时了解并化解用户的抱怨，把用户不满降到最低，让用户满意、信任，最终长期赢得用户。

要与用户建立真诚长期的互惠互信合作关系，可以参考以下四点：

（1）有"知了就做"的劲头。一旦了解到用户的需要，只要是合理的，就要正确引导用户：你现在能做什么？做到什么程度？突出你与竞争对手产品的差异及优势特点？尽量告诉用户，让他们接受你的品牌，只要是可以做到的，就立即行动，不要停留在口头上，让用户感受到你的服务是及时、认真、负责和细致的。

（2）主动、有效地与用户沟通。要通过沟通，逐渐拉近距离，增加感情投资，知道用户需要什么、在想什么，与我们的服务和管理有什么关联？我们该怎么办？满足用户合理需求，就能建立稳固、牢靠和长期的双赢关系。

（3）端正心态，克服"用户不理睬我多没面子""服务低贱"等心理障碍，热情、主动、用心与用户接近。

（4）树立"用户为先""用户就是上帝"的服务意识，想用户之所想，急用户之所急。

2.识别和了解用户的需求

在沟通的基础上，要实行换位思考。人都一样，把自己换位到用户的立场上，就能知道用户是怎么想的、有什么最切实的需要。

根据用户需求的不同，要识别不同的需求：

（1）用户希望从商家的服务中得到：敏捷而负责的反应。所提出的问题能被解决；真实的感受能够被体会；能够得到负责任的承诺。

（2）用户希望从商家的服务中得到：可靠度。准时履行承诺；快速而彻底地解决问题；看到问题得以解决的保障。

（3）用户希望从商家的服务中得到：重视、关怀与关切。喜欢被特殊照顾，喜欢被在意，喜欢被关心。

（4）用户希望从商家的服务中得到：信心。要为他们解决问题，为他们提供帮助。

3.洞悉需求的发展，随机应变

不仅要知道用户的需求，还需要了解需求的发展，因为需求也是不断发展变化的。如今，市场经济迅猛发展，同时也带来了更多服务产业以及服务的变革，不管是无形的还是有形的服务，都要顺应时代的变化，给用户提供更好的服务！

二、为用户打造最好的体验

怎样为用户服务，创造什么样的体验？具体方法如下：

1.适度超出预期

要满足用户的期望，但不可能满足所有用户的期望。为了打造良好的用户体验，服务要适度超出用户预期。当然，这并不意味着要极致地满足用户需求，而是有前提的。首先，成本是合理的，不能超过本阶段的成本承受能力。

用户期望分为共性期望和个性期望。其中，共性期望是整个行业体验和用户期望的平均水平，必须要满足；适度超出预期是适度超出个性期望的预期，企业要以 SKU（Stock Keeping Unit，库存量单位）、用户结构、行业平均服务水平等要素为依据，超出用户平均期望，使用户体验始终处于行业领先水平。

2. 用户都是"好人"

这里所谓的"好人"，指的是能够产生共鸣的人。20 个人里有 10 个人只要做一次传播，就能影响很大的范围。因此，一定要重视用户的抱怨，重点关注。

关于细节设计的用户体验涉及很多细节问题，稍不留神就可能引发用户的不满情绪。对于企业来说，面对上帝一样的用户，要掌握主动权，引领用户，不能一味迎合用户。但即使挖空心思研究体验的每一个细节，也不一定能够拿出完美的设计。企业需要做的就是把握细节设计的原则，用原则去引导设计。

3. 体验要细水长流

服务稳定性取决于服务质量的稳定、服务的标准化程度，以及对个性化需求的满足。满足了这三个方面，才能塑造出服务的品牌。也就是说，如果企业的服务时好时坏，还不如一直处于较低水平，起码在用户心中有一个稳定的形象和感受。想通过一次体验月活动，打造好的品牌，简直就是痴人说梦。因为，体验是长期的工作，在稳定的基础上持续提升才是正确的做法。

第三章
打造爆款的五个基本功

◆ 认真调研：做好产品调研，重视测款和选款
◆ 基础评价：综合多方数据，客观准确评价
◆ 宣传推广：扩大影响力，打造爆款
◆ 促进销量：把销量推上去，用什么方法都可以
◆ 做好服务：重视日常产品维护和用户服务

第一节　认真调研：做好产品调研，重视测款和选款

产品调研，做好测款和选款，是爆款打造的第一步。选错了款式，没有得到理想的测试结果，都不能将商品当作爆款来打造。否则，只能一败涂地。只有选择消费者需要的款式，只有得到最佳的测试结果，才能进行大面积推广，才能继续接下来的步骤。

每个商家都想打造一个好的爆款，每个商家都希望自己的产品只要一上架就能获得流量，然后快速起爆。可是，事实证明，多数情况下我们都会事与愿违，自己的满腔热情也一点点地被消耗殆尽。其中一大原因就是，大多数商家在上款之前忽视了测款和选款，一厢情愿地认为自己的产品不错，一定能热卖。

可是，各类销售平台并不缺产品，只有你想不到的，没有你找不到的。忽视爆款的测试和选择，只能走入尴尬的境地，最终的结果就是费力不讨好。

选择一个好产品，也就成功了一半。为什么开心麻花的每一部电影都会热卖？不是票房影响力大，而是因为每一部电影在正式上映前都在话剧

舞台演了上百场，而这上百场的排练才是热映的基础。

这就是测款！只有经过测款，才能最终确定要不要去推。对于爆品的测试，只有用户接受，才能成为爆款。所以在打造爆款之前，首先要做的就是测款，看看用户对产品的接受程度。如果数据量大，就大力推广；数据量小，就果断放弃。

一、选款测款的目的及意义

众多失败的爆品告诉我们，打造爆品不能一厢情愿，必须将用户吸引过来，必须让用户买你的账。而为了实现这一点，就要进行测款。如此，我们的行为才会减少盲目性，才能少花冤枉钱。

1. 确定产品是否具备爆款潜力

一个产品的爆发，需要付出大量精力和财力，所以，一定要确认心仪的款式是否具有爆款潜力。如果确认"有"，就继续操作；反之，就放弃，否则只能劳民伤财。测试的目的就是看一下人们对产品的接受程度，如价格、款式、面料、颜色等。一个链接里有多个 SKU，并不是每个 SKU 都卖得好，根据前期测试出来的结果，就能选出适合打造爆款的产品，进行相应的备货。

2. 让库存得到优化

各商家销售的商品不止一款，为了保证商家或门店的权重，为了不让流量产生大的波动，很多商家的产品数都不会低于 10 件。由此，随着产品数量的增加，库存压力也会越来越大（分销除外）。通过测款，就能知道产品受欢迎度，之后按照受欢迎度来进行备货。如此，不仅可以减少不必要的开支，还可以确保库存的充足，减少后顾之忧。

二、确定选款的时间

要想选到用户喜欢的产品,就要快速出手,抢得先机。因为,对于市场来说,越早选定产品,越新鲜,越能引起用户的注意和喜欢。因为喜新厌旧是现代用户的一大心理特点。既然用户更愿意接受新鲜的产品,就要比别人早一步积累销量及用户反馈,以便在后期的推广中占得先机。因此,一定要选择最好的时机,既不能拖沓,也不能太仓促。

如今,在各类平台上销售的产品可以分为以下两类:

1. 季节性产品,如服装衣帽

这类产品的典型特征是:产品销售有一定的周期性,会受到淡旺季的影响,因此,更需要注意选款时间。比如,夏款衣服的热销时间一般是五六月份,但它的动销点却是四月份。由此,夏装的选款和测款就要从三月底开始。

2. 没有明显淡旺季的产品,如电子类产品

这里产品几乎没有明显的销售淡旺季,每年度的销售也相对平稳,对时间节点没有严格的限制,却对推广时间有严格要求。因为新款只有流动起来,才能更快地打开市场。为了抢占先机,这类产品的测试,通常需要举办各类活动。

三、测款数据不能少

无数据不爆款,数据直接体现了用户对产品的喜好程度,在测款时一定要留意如下数据:

1. 转化率

转化率直接反映了用户对爆品的接受度。转化率越高，在同样的流量下，获得的销量也就越高。爆款的赚钱公式是：销售额＝客单价 × 转化率 × 流量。转化率越高，流量的利用率也就越高。同时，高的转化率还能提高UV（独立访客）价值，UV价值越高，各平台给的扶持力度也就越大。

2. 评论及售后指标

用户评论和反馈是他们对产品及服务的最真实反映，反馈内容主要包括：评价、DSR（data set ready，即数据准备就绪）评分、退换货比率等。这些数据都由用户收到产品之后产生的。从这些数据里能够看出产品及服务的不足，决定着产品有没有继续推下去的必要。

3. 点击率

点击率直接体现了人们对这款产品的兴趣度。产品初期，只有高的点击率，才能得到更多的流量扶持，才能具备成为爆款的条件。影响点击率的因素主要有：主图、价格、关键词、精准度等。为了选择好的爆款，测款前，就要将这些数据优化好。

4. 加购率

加购直接反映了用户对于产品的购买意愿，加购率越高，用户的购买意愿也就越强。当然，如果加购率很高，购物车转化却很低，就需要分析竞争对手了，看看他们的优势究竟在哪里。

5. 收藏率

收藏率反映了某款产品的潜力，收藏率越高，潜在用户就越多，后期转化为成交用户的可能性就越大。因此，不能忽视收藏率。

四、使用正确的测款方法

所谓测款就是对数据的收集，其前提是有流量。有了流量，才能分析数据。通常，测款有如下几种方法：

1. 直通车测款

直通车可以快速引来精准流量，自然也就成了用户最常用的测款方式。直通车的具体测款步骤如下：首先，准备好需要测款的图片，设置相同的创意标题。其次，观察数据，选出点击大于100以上的创意，进行对比。如果数据更大最好，就可以拿来作为参考，当然要根据自己的财务状况来进行。再次，将好的创意主图和其他图片进行对比、重复，直到点击率达到点击率均值及以上。最后，对点击率、收藏率、加购率等数据进行分析。

2. 老用户测款

通常，大商家会使用这种方法，因为他们的老用户足够多。这个方法跟直通车测款比较，其投入成本不高。只要给老用户一个合理的价格，很快就能得到众多评价和晒图，一举多得。如果商家或门店基础不错，完全可以进行这种操作。

3. 关联销售测款

关联销售测款，成本很低，但效果不错。不过，要想在短时间内获得足够的数据支持，需要商家或门店有一定的基础流量。

需要注意的是，选款之前，不要盲目，爆款的选择一定要符合商家或门店定位的整体风格。不能在市面上看到哪款，就将其当作爆款来打造。记住，只有款式属性一致，才能获得足够的流量。

第二节 基础评价：综合多方数据，客观准确评价

对于所选的爆款，要进行基础评价。要将各类数据都整合起来，如同类产品的销售情况、其他品牌的销售业绩、爆款的业绩……之后进行客观评价，找到对自己有用的知识，为我所用。然后，再以这些评价为基础，决定爆款的种类和方式，以及具体的操作方式。

在评估效果之前，要了解相关数据，因为只有这样，才能知道活动的具体效果。下面是打造爆款，需要了解的相关数据概念。

1. UV、PV

"UV"是"unique visitor"的简写，是指不同的、通过互联网访问、浏览这个网页的自然人。

"PV"是"page view"的简写，即指页面浏览量，或点击量。

这两个概念，简单形象地说，就是用户对商家或门店访问的深度。

使用相关工具，查看 UV（PV）在活动之前和活动之后是否有上升。如果有上升，说明商家或门店的结构优化取得了一定的效果；如果没有明显的上升，在下一次活动开展之前，还要对商家或门店的结构进行优化。

通常，UV 和 PV 的比值跟销量成正比。

2. 询单率

如果商家或门店共进入 100 个用户，最终有 10 个人和客服进行了沟通，咨询率就是 10%。

询单率的高低直接决定着页面优化是否合理，是否激发了用户的购买欲望，是否为用户打消了疑虑，因为最终确认购买的用户才会与商家联系。推广活动结束后，可以了解一下询单率是否有上升。

3. 咨询下单率

如果有 100 个用户与商家沟通，最终有 10 个人购买，咨询下单率就是 10%。客服质量因素决定咨询下单率，活动之前，活动之中，对客服的培训提升是否到位直接决定着咨询下单率。

4. 爆款销量比重

爆款销量比重越高，活动越不成功；爆款销量比重越低，整体销量上升明显，就说明整个商家或门店的购买关联度还是很高的，商家前期的准备工作是有效果的。

5. 自动下单率

自动下单率，指的是在浏览网页的用户中，有多少个用户是没有通过咨询而直接下单的。自动下单率跟页面的优化、价格定位、疑虑打消等直接关联。

6. 回头率

回头率，不仅与客服质量、商品质量有关，还跟售后服务有着密切的关系。

总之，只有了解数据，才能了解自己如今的状况，从数据角度出发去寻找商家或门店的问题并进行优化，这就是数据营销。需要注意的是，根据数据，改善行动方案共有三个步骤：第一，分析数据；第二，找出问题；第三，更改方案。将得到数据与影响各种数据的因数结合分析，就能根据分析结果，改变行动方案。

第三节　宣传推广：扩大影响力，打造爆款

任何商品的销售，都需要扩大宣传。过去，企业使用最多的可能是电视、广播等新闻媒体，如今在这些媒体的基础上，还要跟移动互联结合起来，使用微博、微信、短视频等方式，将爆品推广出去，让用户在第一时间得到产品信息，了解爆品，认可爆品，购买爆品。

瑞幸咖啡通过社交网络营销和"门店自提＋外卖送货"手段，迅速获取了大量初期用户。瑞幸咖啡给自己的定位是高品质商业化咖啡，主要面向职场人群和年轻一代消费者。

瑞幸咖啡的店型分为四种：旗舰店、悠享店、快取店和外卖厨房店。不同店型在门店面积、店员配置、功能均有所区别，四种门店大致定位是：

旗舰店：S类店，丰富场景＋堂食＋外送；

悠享店：A类店，丰富场景＋堂食＋外送；

快取店：B类店，简配场景＋自提＋外送；

外卖厨房店：C类店，只做外送，不支持自提。

具体外送服务，由顺丰快递承接。瑞幸咖啡的配送要求是服务门店方圆 1.5 公里，必须 30 分钟内送达。数据显示，单量方面，该店每天约接 1～200 单，每单提成 7 块钱，每人日均 30 单左右，店内自提和外卖比例约为 1∶1。

比起外卖业务，瑞幸咖啡的一系列营销打法似乎更具代表性。团队起初开了 3 家店做前期测试，测试促销策略、价格组合、App 裂变营销，以及基于微信的 LBS 门店定投广告等多种方法的效果。最终通过 LBS 广告，迅速告知周边人群，再以首单免费获取第一批下载用户，吸引存量，让增量获得病毒增长。

不可否认，瑞幸咖啡仅用 5 个月就开出 400 家店的全部秘密就在于：社交裂变、重金补贴，以及多店同时落地。

如今，微信月活跃用户数超过 10 亿，俨然是"巨无霸"级的存在。经过生态内玩家的长期探索，社交流量已有丰富的变现路径。打造爆款，其实就是一次促销活动，也是一个系统的网上营销战略。在这场系统的改造运动中，各个环节都要精准、快速、高效、持续地执行落实，才能在万千纷扰的竞争环境中存活下来。

一、爆款的宣传要点

打造爆款的准备工作一切就绪后，接下来就要宣传你的爆款了。要让人们了解到你的商家或门店信息，明白宣传的产品到底是什么。举个例子：

杜先生刚开了一家服装店，想推出一个爆款，为此打算进行一场促销活动，提高影响力。他从众多款式中选出一件 T 恤作为爆款，之后派员工出去发传单。这件 T 恤是新上市的韩版 T 恤，主要面对的对象是青年。T 恤光鲜亮丽，样式奇特，穿起来显得特别的青春阳光；该 T 恤没有性别限制，男女都可以穿。为了让爆款更加吸引眼球，他还特地在宣传单上写着：这件 T 恤可以变成情侣衫，第二件半价！

案例中，杜先生所用的宣传方式是派发宣传单，卖的衣服主要面向的是青年，不仅宣传了衣服的特点，还特别提示：可以变成情侣衫，第二件是半价！由此可以看出，宣传的要点基本上有三个：宣传方式、宣传范围和宣传内容。

下面，我们就对这三个要点进行简要分析。

1. 宣传方式

既然要宣传你的爆款，首先就要确定合适的宣传手段。当然，宣传的方式有很多，层出不穷，要根据自己的宣传资金选取恰当的方法。

2. 宣传范围

宣传范围是一个选择，也就是爆款面向的消费人群，这也是打造爆款最重要的一步。要将用户需要的产品推荐给他们，推送用户不需要的东西，肯定没有效果，所以选择正确的消费人群是重中之重。确定一件爆款时，一定要在心中确定好爆款的销售范围，是男士，还是女士？是韩版，还是英伦？适合青年，还是中年，或是老少皆宜？

3. 宣传内容

在宣传前，一定要知道自己的宣传目的是什么。答案很明显，就是扩大门店及爆品的影响力。具体方法是：宣传前，一定要凸显出店面的文化气息，根据消费人群的需要去设计宣传内容；将店面特色、亮点凸显出来，最好写出某些产品打折或爆款优惠活动，让众人眼前一亮，一眼就能记住你的店，就能在大脑中留下深刻的印象。

只有进行良好的宣传，才能有一个完美的开局，才能保证促销的顺利进行。用心和全面地去促销和宣传你的爆款，用户才能感受到你的诚意，才能感觉到你的店面已深入人心，无处不在。如此，你的店面才能吸入客流，才能有效抢占市场先机，提升销售。

二、选择合适的宣传工具

营销工具是商家为了完成营销目的而使用的手段或方法体系，可以是有形的，也可以是无形的。例如，管理软件、数量模型、分析图表、思维导图等，或者广告、销售书、展示品等。信息时代，品牌的宣传和推广都要依赖于网络的巨大流量，网络自然也就成了重要的营销工具。下面，我们就从网络推广渠道入手，介绍一下时下热门的四种推广渠道：

1. 微博

微博是前几年发展火热的一个平台，随着移动互联的快速发展，以及微信的出现，让微博的势头越来越微弱，但微博的影响力依然不可忽视。在宣传爆款的时候，依然可以将微博充分利用起来。

（1）用户群。微博的用户群基本上都是年轻人，老年人也有，但很少，进行推广之前，先确认自己的产品目标用户是否是年轻群体。如果是，就充分利用；如果不是，也不能完全舍弃。

（2）特性。微博中，信息更新速度极快，几乎每分钟就会更新一次。一旦一个事件炒起来，就能引来越来越多的转发和评论，以千万次级别的速度开始传播。当然，即使微博的信息传播速度令商家垂涎，但如果策划的事件没有爆点，无法触发用户的痛点或痒点，也不能引发用户进行自传播。此外，在选择事件的一级传播者时，最好选择大V、KOL、明星等拥有粉丝数多的人来宣传。

2. 公众号

公众号是微信开发出的一项功能，通过公众号，商家可以在微信平台上跟特定群体进行文字、图片、语音、视频等全方位沟通。这也是如今最流行的沟通平台，用户多达数亿。

（1）用户群。微信用户群涵盖的范围比微博要多得多，因为不仅是年轻人，老年人也在使用微信，但并不是每个年龄层的用户都愿意将自己的时间花费在浏览公众号推送的内容上。年轻人用微信，多半是为了社交、联系、搜集吃喝玩乐信息；老年人即使使用，接受度也比较低，不会深度挖掘微信的公众号功能，多半也只是为了聊天……这就决定了微信公众号面对的用户群是偏年轻的人群。

（2）特性。公众号的信息圈比较封闭，不会形成大规模的转发和传播。要想将公众号的价值最大化，就要努力提高有限的流量转化率。因此，在公众号投放广告时，要把握文案和广告的质量，确保这些内容可以打动用户。此外，还要设置好购买界面与投放界面的连接机制，确保用户能够方便流畅地跳转到购买界面；如果做线下实体，就要提供足够详细的信息。

3. 抖音

抖音是一款可以拍短视频的音乐创意短视频社交软件，该平台专注于年轻人音乐，用户可以通过这款软件选择歌曲，拍摄音乐短视频，形成自己的作品。

（1）用户群。抖音的用户群呈现从低龄向高龄发展的趋势，过去基本上都是20岁左右的年轻人，如今30岁以上的用户也占了很大的比例。

（2）特性。抖音的特点是，通过颜值来变现。拥有十万百万粉丝的抖音账号主体，基本上都是颜值很高的小哥哥小姐姐。在抖音投放广告，不能浅尝辄止。抖音上的许多爆款产品，都是多个视频堆起来的，且通常需要几个KOL共同推进。所以，在抖音上进行推广，要长时间坚持，必须持之以恒。

4. 网站

在网站投放广告，多半不是给用户看的，而是投给搜索引擎看的。如今的爆款产品，多数不是网站推出来的。因为，网站的垂直度很高，用户群体分散，规模有限。例如，做技术交流的网站，通常吸引的都是做技术的用户；做母婴用品的网站，吸引的自然也是刚生完孩子的新手妈妈。所以，在这类网站上投放爆品软文，虽然也能实现少量转化，但用户基数太小，满足不了打造爆款产品的需求。

这些网站的价值何在？权重。在收录好、排名靠前的网站投放广告，就能被更多的用户看到。比如，用户在微博上看到某款产品，心存疑惑，就会用搜索引擎查找各类信息，如果商家精心设计的软文出现在搜索结果的前几个，用户看到后，就会觉得心安，便能实现转化。

这就是爆品常用的推广渠道,这些渠道并不是相互独立的,有时为了取得好的效果,也需要配合使用。至于哪种渠道效果更好,则要结合产品特点来判断。切记:世上没有最好的渠道,只有最适合产品的渠道!

第四节　促进销量：把销量推上去，用什么方法都可以

打造爆款的终极目的就是提高销量。能够提高销量的方法有很多，虽然不一定都适合爆款的打造，但选择适合自己的方法，肯定没错。

要想提高销量，可以采用以下几种销售策略：

策略一：向产品要销量

产品是所有销售策略的根源，是销售的起点。要想提升销量，首先要找到适合本区域的产品。然后，对产品进行分类。

1. 基础产品

就是本区域销量最大的产品，是销量的主要来源。

2. 核心产品

是本区域未来的竞争优势，现在本产品处于成长期，但在未来一定是竞争的重点。

3. 阻击产品

针对竞争对手的产品，用来打击对手的核心产品和基础产品。要向基

础产品和核心产品要销量。基础产品是本区域的成熟产品，要通过促销的方式，提高销量。核心产品，要努力推广，提升销量。此外，还要向新品要销量，如果公司有适合本区域的新品，也要下大力度去推广，这也是未来销量提升的重点。

策略二：向渠道要销量

好的渠道，也能促进爆款销量的提高。渠道可以分为以下三种：

1. 成熟渠道

是公司长时间操作的渠道，是销量的主要来源，是需要进行维护的区域。为了防止竞争对手渗透，要不断地经过促销、推广新品的方式来巩固市场，扩大销量。

2. 成长渠道

是未来销量增长来源的核心渠道。这种渠道，过去人们一般都不太重视，但依然具有很大的潜力，要加大投入，争取销量的快速提升。

3. 空白渠道

这种渠道共有三个：①销量很小，增长潜力不大；②大家都没有发现的渠道。对于这种渠道，要进行评估，如果未来有潜力，要努力开发；③公司还没来得及开发的渠道。这种渠道，要迅速启动。

策略三：向竞争对手要销量

在努力提高销量的同时，时刻还要关注竞争对手的动向，不仅要主动出击，还要学会防守，从多方面去阻击竞争对手。比如，渠道阻击、终端阻击、产品线阻击。当然，要采取哪种策略，还要根据具体的市场和对手来分析。使用这条策略时，还有一个前提：如果自己比竞争对手强，就采用进攻和阻击相结合的方式，发起正面进攻。如果比竞争对手弱，就不能硬碰硬，要做好错位营销，如渠道错位、产品错位、终端错位，在错位中发现机会。如果双方力量相差不大，可以采取跟随加创新的策略，在跟随中进行品类创新、渠道创新、终端策略创新；同时，抓住对手的缺点，重点进攻。

策略四：向终端要销量

任何产品都要通过终端销售出去，要科学操作终端。对于终端，一般分为以下几种：

1. 核心终端

这类终端销量很大，一定要做好维护。可以采用的方式有：促销、陈列、堆头、店招、POP、店内促销员、增加拜访次数等。

2. 成长性终端

这类终端处于成长期，但未来会上量。对于这类终端，要给予支持，促使其快速成长。

3. 可有可无的终端

这种终端对销量贡献不大，虽然可有可无，但也不能放弃，只不过投入不要太大。

策略五：向经销商要销量

经销商一般都经营着不止一个品牌，资金、仓库、人员都是有限的，要想提升自己爆品的销量，首先，要挤占经销商的资源，使他没有精力投入到其他地方。加大他的库存，就能给他压力，没有压力就没有动力。其次，要不断地制定营销策略，使经销商一直处于忙碌的状态，不断地给他找事做，占用他的业务时间，让他的业务团队来推广你们的产品。

策略六：向管理要销量

要想提高销量，就要建立一支执行力和团结力强的团队。因为，有思路、有丰富实战经验的业务团队，是公司最大的财富。商家良好的管理能力，是爆品销量提升的关键，因此要想让销量实现天翻地覆的变化，就要制订合理的计划、制度、良好的团队文化。

策略七：向检核要销量

要想提高销量，就要经常下市场检核，发现市场中存在的问题，知道爆品销量下滑的原因。不管销量是否增长，都是有原因的，要努力发现市场问题、发现市场机会，果断决策、执行，这是销量提升的根本。

问题出现了很长时间，到问题没法解决的时候才发现，那就太迟了。

策略八：向改变要销量

市场每时每刻都在改变，要时刻关注改变。改变，包含着机会和威胁，要从改变中找到机会。比如，竞争对手突然换经销商，就是商家的机会，要乘势突破。再如，环境的改变、消费习惯的改变，都可以带来机会，要向机会要销量。

策略九：向速度要销量

打造爆款，要敢于向执行力要销量。不管做任何事，都要雷厉风行，做得彻底，以速度制胜。铺货要讲究速度，推广要讲究速度，制订合适的计划，加快进度，这也是爆品销量提升的一个重要环节。

第五节 做好服务：重视日常产品维护和用户服务

将爆品销售出去，只是走出了产品销售的第一步，接下来的产品维护和用户服务，才是销售的真正目的和意义。面对名目繁多的产品，用户早已被磨平了心智，不管是购买服务或商品，都希望享受到最佳的体验和服务。因此，在产品售出之后，不仅要做好产品的维护，还要在服务上下功夫。

对一个单品爆款最大的认可，不是获得多少好评，也不是质量，而是是否有回头客。可是，如何才能得到更多的回头客呢？答案就是做好产品维护，为用户提供最佳的服务。

回头客是商家或门店运营成功的产物，只有各方面都符合用户的需要，令用户感到满意的爆品，他们才会复购。

一、做好爆款产品的维护

对于回头客，既不用进行推广，也不用进行介绍，都会自己默默下单，然后留评。那么，如何才能发展更多的回头客呢？

1. 提高服务质量

如今，用户购物，越来越注重购物体验，也越来越愿意为服务埋单。好的服务，不仅能准确留下上次消费的用户，还可能因为你的服务而自动忽略在质量或物流上的些许不满。可以为用户提供的服务有：物流服务、售后服务、客服服务……这些都决定着用户在后期有了需求，是否会在你这边继续消费，毕竟用户消费时最想要的还是精神上的愉悦。

2. 让产品不可替代

这点最难做到，但也是最关键的。拥有独特的创新性，用户黏性就会提高，既不用担心留不住用户，也不愁卖不出去。不同品类的商家可以根据产品不同的市场定位和品类类目，从外观、材质、效用等多感官的角度去发觉产品的不可替代性。市场产品的同质化太严重，是导致滞销的主要原因，如果能做到足够的独特，也就拥有了独有的竞争力。

3. 提高质量水平

这是最最基本的要求，也是对所有想做爆品商家或门店的最基础的硬性指标。提高产品质量，产品质量过硬，用户才能真正了解产品的真实性能，才能达到用户想要的效果，让用户满意。在下次需要的时候，他们自然会想起上次买的产品是值得回购的。

4. 丰富产品种类

第一次消费之后的用户，他们的需求是不断在改变的，要想继续吸引他们，就要不断丰富自己的产品种类，满足用户多样化的需求。此外，还要更新技术，多些创意，用户的好奇心也容易被撩起来。记住，一定要让用户对产品保持足够的新鲜感。

5. 多些活动优惠

要想吸引老用户回购，就要努力维持和培养双方的关系。在他们第一次购买后，要对老用户进行适当的优惠，让他们觉得自己赚了便宜，进而促成二次三次的复购。具体方法有：

（1）为老用户提供具有终身价值的折扣卡。

（2）给老用户更多的关注，如优先用户服务等。

（3）请老用户对新产品提供意见。

（4）为老用户提供优先购买权。

（5）为老用户带来额外惊喜，如供应缺货款式等。

购买了一次，就会有第二次购物，聪明的运营不仅会开发新用户，还会想方设法抓住已购人群，让他们成为自己的终身用户。一味地寻求开发新用户，而丢弃老用户，是异常愚蠢的。

二、挖掘用户价值

为了维护老用户，并挖掘其价值，商家可以从下面几个方面做起：

1. 感情沟通，与用户保持联系

定期对特定的用户发送短信及专属优惠券，既能促进商家与用户间的日常沟通，增进感情，还能刺激会员的消费活跃度。对老用户进行消费跟踪，可以有效解决产品售后以及收集消费反馈，了解老用户的进一步需求，为接下来的产品策略和服务升级做足准备。

2. 建立完善的会员数据库

会员数据库不仅包括会员的基本信息（姓名、联系方式、生日等），还包揽了详细的会员消费属性，如消费偏好、消费能力以及消费客单价等，这些信息都能通过会员前期的消费数据分析总结出来。将详细的用户信息记录下来，以备后期之需。

3. 分析用户的消费历史

为了便于筛选与查询，要将老用户的消费详情详细记录下来。从老用户的消费历史中进行数据的挖掘与分析，商家就能了解会员画像；对现有会员添加个性化标签，就能进行分组营销；有针对性地制订会员营销计划，就能有目的地进行产品推广。

4. 主动跟进回访，了解用户动态

根据会员管理系统提供的老用户的各种联系方式，用多种方法对老用户跟进回访，如微信公众号、短信沟通、电话联系等，为会员的到店消费建立详细的跟踪档案。

第四章
打造爆款的五部曲

爆款的打造不能胡乱进行，必须经过五个步骤，缺一不可。如同我们的成长，都需要经历从不成熟到成熟的过程一样，爆款的打造也需要一步一步扎实进行。妄想一步登天，必将摔得很惨！

◆ 找款：慧眼识得能产生爆炸式影响的产品
◆ 定位：精准定位用户人群
◆ 价格：根据目标人群的特点合理定价
◆ 计划：根据市场需求制订爆款计划
◆ 流量：提高流量也就提高了销量

第一节　找款：慧眼识得能产生爆炸式影响的产品

爆款的寻找，不仅需要花费时间和精力，还要长得一双慧眼，能够在数以亿计的产品种类中找到心仪的商品。而这是最考验企业和商家的，也是最值得推敲的。因为，一旦选错了款式，只会白费力气，导致亏本。失败的爆款打造有很多，从失败中吸取教训，找款，也就成了打造爆款的第一步。

想要成功打造出一款爆款产品，首先选对产品是关键，一个好的产品决定了它的爆发周期，也直接决定了它的销售额。我们团队曾创造过这样一个案例：用了 26 天时间，卖完了一个县传统渠道需要售卖一年的红枣，45 天卖完了需要 3 年才能卖完的红枣，被当地政府特别嘉奖，并受多家媒体采访，多家快递公司为此次售卖活动开通专属运输通道。

本次项目所售产品为中国十大名枣的山西稷山板枣，该枣果实呈扁倒卵形，果皮为紫褐或紫黑色，果肉为绿白色，且只在中国山西稷山县有栽植。属于同类型产品中的优势产品，且历史悠久，据《稷山县志》记载，该品种自汉唐时期留传至今，为历代皇廷之贡品。因果形侧面较扁，当地方言"扁"音为"板"，故称"板枣"。稷山板枣素以营养价值和医用价值著称于世，药用价值独居枣类之首，属高级补品，含糖量高达 74.5%，可拉出 30 厘米的金黄亮丝。自 1957 年开始就已经销往全球。

通过分析，不难发现该款的关注点。

一、爆品的主要特点

能够成为"爆品"的产品，一般都具有以下特点：

1. 爆品的性价比较高

爆品口碑好，借助社会化媒体营销方式，就能降低成本，性价比相对较高。例如，产品在全国没有实体店销售，就能减少房租成本；在网络上通过商城、微博、社区及论坛等积聚大量忠实用户，就能通过用户的口碑营销，削减营销成本。商家最终将这些成本价值回馈用户，以接近成本价出售产品，其性价比就要比同类其他产品高出许多。因此，要选择性价比较高的产品作为爆品。

2. 用户能够看见爆品优势

爆品就是要让用户在看到商品的第一眼，就能区分出它与同类传统商品的不同。例如，苹果公司的标志性做法就是，在产品生产中引入形象设计的概念，大家一看到苹果产品，立刻就能感受到其与众不同之处。因此，要将爆品的品质视觉化，打造魅力型产品。

3. 代表某种新主流

爆品必须是过去从来没有出现过，但在社会以后的发展中不可或缺的。例如，微信的出现，改变了人们的社交方式，创新了商业运行模式，成为人们新的生活方式之一。选择爆品，也要选那些能够代表新主流的产品。

4.是对一种产品的重构

爆品必须同时满足企业和用户的需求，否则会影响爆品的运营。例如，苹果公司对手机的重构，颠覆了以往手机厂家设置手机功能的思维模式，让用户自定义手机功能。但要注意，产品重构不是产品的升级换代。

5.热销时间比较长

比如，微信、360卫士、苹果手机，热销的时间一般都比较长。产品的好口碑能够给企业带来大量的忠诚用户，只要用户有这方面的需求，他们就能在第一时间想到此款爆品。

6.拥有众多饥饿用户

什么是饥饿用户？在重度雾霾来临时，市场上各种品牌的净化器脱销，这是饥饿用户；小米手机2010年推出即热销，这是饥饿用户。只有拥有大规模的饥饿用户，爆品才有可能产生。

7.产品更新换代很快

落后就要淘汰，这是商业界不变的真理。为了应对市场瞬息万变的形势和大众快速转变的需求，商家都会不断地升级、改善产品。选择爆品，就要选择更新换代快的。

8.专注用户痛点的产品

痛点，是用户需要解决的问题，只要能抓住并专注于用户的痛点，为用户创造价值，就能将其转化为经济价值。

二、选品注意事项

爆品的选择，不能肆意而为。商家选品时应该注意什么？

1. 关注爆品的利润空间

利润永远是商家最关注的点。以家纺品类为例，欧美等发达国家的家纺产品有 85% 是依靠进口为主，采购量较大的海外采购商为了控制成本往往会抓取海量产品中的一小部分进行售卖，商家有更多的机会从海量产品中筛选出区别于他们的优质爆品。因此，商家在选品时应对目标市场做调查，分析待选品类的利润空间是否足够可观。

2. 关注爆品的差异化

产品的竞争力来自差异化，差异化又来源于技术、材料、设计等方面，商家在选品的时候，可以对目标市场目前该品类的产品特点、国内外该品类的差异等进行比对；为了提高竞争力，还可以设定差异化产品定位。

3. 减少售后问题

有一些品类，如服装、家纺等，每个国家的尺寸标准不一、用户使用习惯不同，售后问题对于中国商家来说比较头疼，选择爆品，商家完全可以尽量选择一些售后问题比较少的品类。

4. 产品生命周期长

刚需用品不宜过早被淘汰，商家在敲定一款产品及款式时，要更加慎重，要提前考虑生命周期长的产品。

第二节 定位：精准定位用户人群

任何产品都有满足的用户人群，找到合适的产品之后，就要精确用户人群，是学生，还是成人；是年轻人，还是老年人；是女性，还是男性；是宝妈，还是职场丽人……用户定位不清晰，是爆品打造的大忌。

定位是多维的，有价格层面的、有性别层面的、有年龄层面的，要根据爆品的不同，综合考虑。对用户群有足够的了解和充分的接触，有利于产品初期原始用户的积累；同时，产品或服务还能依据反馈及时改进。最后，商家也可以确定目标用户群的潜在规模、预计可以达到的规模，以及目标用户群定位横向延伸后大概能带来的收益。

打造爆品，首先就要做好对产品的用户群定位。

一、圈定目标用户

要想提高爆品的转化率，首先，用户人群要精准，要了解用户人群。只有找对目标用户群体，才能更好地定位门店的整体风格，甚至首页的风格、产品描述方式、详情页的设计、客服沟通技巧，这些都是基于用户人群定位决定的。比如，近几年来，随着古风神话电视剧的风靡，很多人开始喜欢上了古风汉服，很多商家或门店应运而生。如果要打造这类爆品，就要多关注年轻女孩，爱美的、清新的、喜欢汉文化的人群。

这种定位直接决定了商家或门店的整体风格走向。商家或门店的整体风格以清新淡雅古风为主，拍摄模特选用充满青春活力的女模特。从服装设计裁剪到整体商家或门店呈现的风格意境，都给人眼前一亮的感觉，让人过目不忘，这就是定位的魔力所在。

二、提取目标用户

提取目标用户的方法很简单，只要知道目标用户具备的特征即可。

1. 用户的购买基数大

前期有销售但没有做定位的商家或门店，如果想打造爆品，就要对购买过的用户群体进行数据分析，确定商家或门店的目标人群，继而确定商家或门店优势，进行商家或门店定位。将自己局限在一个小圈子里，只能鼠目寸光；天花板太低的产品，很容易就到了瓶颈。

2. 用户有需要

目标用户对你的产品有迫切需要，而这种需求则是你有别于市面上其他产品所不能完美提供的。同样还是汉服，就明显区别于市面上的其他女装风格。比如，韩都衣舍就抓住了用户对韩范服装的购买需求，推出过很多爆款。

3. 用户有经济基础

只有具备一定经济基础的人，才会购买。比如，上班族的网购水平平均比老年人的发展潜力大很多。同样是卖大众化的零食产品，三只松鼠的整体风格就要更加活泼和年轻化，因为这类人群手里都有闲钱，又崇尚消费。正是因为抓住了这一点，三只松鼠才能赢得众多年轻人的喜欢。

三、向特定用户提供有价值的产品

要想打造爆款，最终达到浏览、咨询和成交，首先就要找到目标用户，并有针对性地向特定用户提供有价值的产品。为此，要关注以下几个要点：

1. 用户是否真正需要产品

用户对产品的购买选择，一般都取决于自己的需求。用户对产品是否真正有需求及需求的强烈程度在很大程度上决定着商家介绍产品的难易程度甚至成功与否。因此，在选择与确定目标用户时，要先探测用户的需求，搞清楚自己的产品是否真正满足用户的需求。

通常，用户会购买自己需要的产品，而不是自己想要的产品。事实证明，用户的理性比感性更能有效促使其购买。在为用户介绍产品之前，就要先确定对方是否真正需要自己的产品。

记住：一定要选择那些有真正需要的用户，以便有效提高成交率。相反，如果用户不需要这种产品，无论商家多能干，也不可能让用户选择它。就算产品被用户接受了，也可能是绝无仅有的一次，用户不会再次选择你的产品，甚至对该项产品、公司都会失去信心，产生反感。同时，恐怕货款也难以收回。因此，必须站在用户的立场，设身处地为他们考虑，对于他们不需要的，不要勉强。

2. 用户是否有支付能力

对私人飞机、豪华轿车、别墅，很多人都有需求，但并不是每个人都能买得起。因此，准备向用户介绍产品前，要考虑一下用户是否具有支付能力。在跟用户交流时，了解用户的支付能力很有必要。因为，用户的支付能力影响着产品销售的难易程度，决定着销售成果——销售额实现的可能性。

3. 用户是否有决定权

有些用户，商家苦口婆心地花了很多时间对其介绍产品，但到头来却发现他"不当家"，只好以失败而告终。如果用户没有决定权，商家将很难成功。只有有决定权的用户，才有希望购买产品；一个无决定权的用户，即使有需求，想购买你的产品，也不可能实现交易。因此，选择目标用户时，还应了解决定权掌握在谁手上。

4. 用户是否有接近的可能

如果选择的目标用户根本无法接近，你的选择就是失败的。只有用户有接近的可能，才有成功介绍的机会。也就是说，能否接近自己所设定的目标用户，是一个值得考虑的问题。

5. 用户对产品是否有使用能力

用户对产品是否有使用能力，就是用户是否懂得正确使用产品。有的产品在使用上需要特殊技术，必须考虑目标用户是否具有使用这种产品的能力，可否以援助服务加以解决等。如果用户实在没有使用能力，援助服务也不能解决，销售就难以达到。即使勉强推销给他，将来也会遇到很多麻烦，甚至会因此导致货款难以收回的问题。

如今用户的需求已经呈现出多样化、综合化、立体化、个性化等特征，而商家自身资源及精力有限，不可能满足整个市场的所有需求。因此，在向用户介绍产品之前，必须从所有的用户资料中选择目标用户作为主攻对象，即先对所有用户资料进行初步分类，再从中选择最有希望、最可能使用其产品的用户作为目标用户。这是一种十分合理的准备和做法，能直接或间接地促进爆品销售的顺利进展，有利于提高成交机会。

第三节　价格：根据目标人群的特点合理定价

同样一件商品，面对不同的用户人群，可能就会设定不同的价格。这也是爆款打造的一个秘诀。对于普通人群，如果将价格定得太高，他们就会接受不了；如果是经济水平较高的，就可以将价格定得稍微高一些。当然，总的原则是，爆品定价要以用户为导向。

陕西周至世代以种桃为生，油桃远近闻名，远销宁夏、甘肃、重庆等地方，然而在2015年，桃子成熟时，却鲜有客商前来收购，价格低至往年三分之一，依旧无人问津，经腾讯新闻报道之后，作为陕西人，我们团队率先响应号召，在线上开启了"1分钱任性吃油桃"的爱心义卖活动。7天卖掉滞销油桃42吨。

此次是一分钱任性吃油桃的慈善活动，且本次爆款的打造全为公益性，我们操作团队不赚取一分钱，销售所得成本归桃农，盈利全部捐献至"壹基金"，用于山区留守儿童。

此次义卖的成功，除了爆款中的定价策略和人性营销套路之外，更多的是源自人类原始的善良本性和互帮互助的高贵品质，当然仔细梳理这背后的逻辑，其实和爆款打造的逻辑是互通的。但请大家记住：永远不要利用消费群众的爱心去赚钱，有些商业规则是永远不可逾越的红线。

如果说我们在"千年红枣"项目中，用精致、实用的包装给了消费者二次购买的理由，那这次，我们在设计爆款爆发模式的时候，依旧留给了用户一个二次购买的理由。我们的售卖形式为拍卖形式，一份3斤，每份的价格为0.01～1000元，消费者可以选择直接用1分钱，买走3斤油桃，也可以1000元购买3斤油桃。后台数据显示，1分钱购买的人，二次购买率最高，这是一场义卖活动，也是一场展现人性之美的售卖活动。

大家仔细思考一个问题，在此次爆款产品的整个流程中我们的核心卖点是什么？不是公益，也不是爱心，而是便宜！一分钱任性吃水果，这注定是一场吸睛的售卖活动，引发消费者的猎奇心理。

一、产品定价以用户为导向

为产品定价的时候，多数人以产品成本为导向，以竞争对手为导向，而不是以用户为导向。

1. 不能以竞争对手为导向

所谓以竞争对手为导向，就是在竞争对手价格的基础上，稍微做一些调整，或干脆直接和竞争对手用一样的价格。比如，竞争对手卖200元，你就卖199元，或干脆直接卖200元。这个策略的优点是：看起来非常安全，不容易出错。跟着竞争对手走，对手涨价你就涨价，就可以避免失去本该赚到的利润；对手降价你也跟着降价，就不会丢掉本该属于你的市场份额。但是，这个理由同样站不住脚。为什么？因为它会让价格决策非常被动，定价工作就变成了跟着对手调整价格，甚至都不知道竞争对手的产品策略如何；不知道竞争对手的产品是战略性引流款，还是主打利润款……所以，不能以竞争对手为导向定价。

2. 不能以成本为导向

以成本为导向，就是商品的成本，加上要赚得的利润，便是最终售价。通常来说，随着商品的销量增加，成本是递减的，卖得越多，成本越低。但是，销量这事谁都没办法保证，只能是预估，如果实际销量低于预估销量，成本就会比预估得高。所以，以成本为导向定价，不可能稳赚不赔。

3. 以用户为导向定价

什么意思呢？就是必须要知道，自己面对的是怎样的用户群，用户群有怎样的需求，有怎样的消费模式。举个例子，生活必需品市场和奢侈品市场。比如，成本100元的丝巾，该怎么定价？如果以成本为导向定价，答案可能就是，卖两百块，有钱挣就行。如果按照用户为导向的定价思考，若用户买丝巾是作为生活必需品自己用，关注点就在丝巾的质量好不好、耐不耐用，定价两百块就行；若用户主要是高端人群，消费能力很强，购买丝巾是为了彰显身份或作为礼物送人，定价两百块就明显不够档次了。

为什么要以用户为导向定价呢？最主要的一个原因是，以用户为导向定价对应了一个事实：用户消费正在从生活需求导向转变为价值导向。也就是说，现在人们买东西，更多的是为了满足内心体验，如能不能让自己更漂亮、心情更好、更有身份等，不一定是生活上真有多需要。

对商品的定价，必然要考虑用户偏好、用户的消费能力，以及商品带给用户的心理体验。以用户为导向的定价思路，彻底改变了商家看待市场的角度，就不会再拿商品找用户，而是看见用户，然后再回过头来，看商品能带给用户什么样的体验，满足用户什么样的需求，然后再给商品制定价格。

二、产品定价的方法

常见的六种定价策略有：心理定价、地区性定价、新产品定价、折扣定价、组合定价和差别定价。

1. 心理定价

每件爆品都能满足用户某一方面的需求，其价值与用户的心理感受有着很大的关系。这就为心理定价策略的运用提供了基础。商家定价时，完全可以利用用户心理，有意识地将产品价格定得高些或低些，满足用户生理的、心理的、物质的和精神的多方面需求，通过用户对企业产品的偏爱或忠诚，扩大市场销售，获得最大效益。这种方法就是根据用户购买商品时的心理制定产品价格，定价方法主要有整数定价、尾数定价、声望定价、习惯定价、谐音定价、系列定价等几种形式。

2. 地区性定价

商家要决定，对于卖给不同地区（包括当地和外地不同地区）用户的某种产品，是分别制定不同的价格，还是制定相同的价格？通常，一个爆品，不仅要卖给当地用户，还要卖给外地用户。而卖给外地用户，把产品从产地运到用户所在地，需要花费一些装运费。也就是说，企业要决定是否制定地区差价。

3. 新产品定价

新产品定价合理与否,不仅关系到爆品是否能顺利地进入市场、占领市场、取得较好的经济效益,还关系到产品本身的命运和企业的前途。

4. 折扣定价

折扣定价,是指对基本价格作出一定的让步,直接或间接降低价格,争取用户,扩大销量。其中,直接折扣的形式有数量折扣、现金折扣、功能折扣、季节折扣;间接折扣的形式有返利和津贴。

5. 组合定价

为了迎合用户的某些心理,对相互关联、相互补充的产品,可以采取不同的定价策略。对于一些既可单独购买,又可成套购买的商品,可以实行成套优惠价格,称组合定价。

6. 差别定价

又称"弹性定价",是一种"依赖用户支付意愿"而制定不同价格的定价法,有利于建立基本需求、缓和需求的波动,以进一步刺激消费。

第四节　计划：根据市场需求制订爆款计划

有了计划，也就有了方向，因此要想将爆品成功打造，就要提前制订计划，知道爆款打造的具体流程。然后，按照计划一步步行事。在实施的过程中，如果遇到问题，还可以适当修改；如果市场发生了改变，也可以调整计划。

如今，随着电商界竞争日益激烈，为了争夺客户和流量，商家们想尽一切办法，而对于商家来说，爆款的存在是尤为重要的。可是，对于爆款的选定和运营并不像想象中的那么简单，存在着许多不可控因素，一旦失去爆款的支撑，商家很快就会进入危机。

其实，要想将所有的问题都考虑在内，就要制订一个打造爆款的计划，将爆款打造涉及的内容都囊括进去，提前考虑到。如此，运营起来也就不难了。

一、影响计划制订的变量因素

爆款计划的制订受很多变量因素的影响，具体如下：

1.类目的特性变量

以女性服装来说，具体类目就涉及服装的季节性、风格、视觉效果等。如果季节发生了变化，秋冬季节，夏季流行的爆款可能就不能卖了；或者人们喜欢的风格发生了变化，爆款的打造计划也要做出恰当地调整。

2.外部变量

外部变量会对爆款计划造成一定的影响，如市场竞争环境、平台规则的变化等。一旦市场环境发生变化，或者平台规则有差异，就要及时更改自己的爆款打造计划。

3.商家或门店的变量

跟商家或门店有关的变量因素有：单一的爆款波动、用户留存等。一旦这些因素发生变化，就要实时调整自己的爆款打造计划。

了解了这些因素对爆款打造计划的影响，如果门店的后端、产品、供应都相对一致，就要思考：爆款打造计划，最重要的是什么？是流量获取吗？流量的成长路径是怎样的？爆款、品线的爆款群，还是粉丝的留存？影响这些的因素又是哪些？只要将问题都细化出来，计划执行指令就会更清晰；之后，再去制订计划，方向也就更明确了。

很多小白商家，为什么产品好，销售却不好？从思维方式来看，他们多半是将门店当成了渠道，传统的渠道具备流量属性；线上的渠道，要想保障拉新能力，就要不断地进行建设与维护。

二、做爆款运营计划的注意事项

制订爆款运营计划的时候，最好细化到年计划、季度计划、月计划、周计划、日计划。当然，就目前情况来看，很多中小商家都没必要设定年计划，因为变数太多，商家或门店本身也不稳定，完全可以缩短计划周期。虽然短期与长期计划略有区别，但核心都基本上一致：明确标准、时间期限、对应的资源或反馈机制。

计划本身只是一种打造爆款的工具，并不能带来直接效益。订了计划，也就为爆款的打造设立了标准，一旦出现偏差，就要认真思考：为什么会出现这种问题？设立计划的时候怎么想的？哪些问题没有考虑到？

事实证明，问题越清晰，全局思维能力越强，对商家或门店的把控力也就越强，越能推动个人和团队的快速成长。计划的执行和完成需要经历一个不断修正的过程，不要以完美心态看待计划，不可控的变数太多，只有快速做出反馈，及时调整，才能走得稳当。

切记：制订爆品打造计划，一定要设立时间节点和反馈机制，能量化的一定要量化。

第五节　流量：提高流量也就提高了销量

流量，代表了关注度，代表着人流量。移动互联时代，流量在销售中发挥着重要作用。因此，要想提高爆品的销量，就要努力提高流量。

流量是所有生意的源泉，是销量增强的原动力！没有流量，销量也就无从谈起；没有流量，产品也就失去了根本；没有流量，流量变现更失去了可能。

流量永远是企业的一张王牌，不管是做品牌，还是打造爆品，目的都是让用户知道我们的产品，提高产品的销量和用户量。不了解流量，在引流的过程中，可能就会花费很多冤枉钱。

移动互联网时代，流量越来越贵，获客成本也逐渐增高，不懂流量和转化，等待你的只有"吃亏"。

一、什么是流量

在商业和营销中，如何来界定流量呢？简单来说，流量就是单位时间内的客流量和人流量。只不过，流量不等于用户，从流量转化到销售，还有很长的一段路要走。笔者认为，流量就是在某一个时刻，商家或企业通过产品、价格、渠道、宣传、技术等方法，吸引用户使用自己的产品，实现盈利。当然，在不同的时代背景下，流量的表现方式也不尽相同。

在传统的线下商业时代，获得流量的武器就是：有利的地理位置和品牌效应。如此，也就揭示了肯德基和麦当劳为何要开在一起的原因，因为那些地方的人流量最大。

很多大商场，负一层都是大型购物超市，最顶层则是吃喝玩乐，中间地带是各种品牌服装店。如此搭配，也是想用高频消费带动低频消费，从而带动商场的人流量。

互联网时代的流量，一个明显的特征就是，以网站为主体，如百度、淘宝、门户网站和论坛等。对企业来说，弹窗广告、专业网站引流等就是常规的流量获取方式。

移动互联网时代的流量特点是：碎片化、分散性、成本高、全天候、线上线下无边界。虽然引流方式越来越精准，但企业和商家却遇到了更多的难题。

1. 流量作弊

如今，很多商家都是打着精准流量的方式来造假，移动互联网时代的流量造假也异常简单，如雇人刷阅读量、点击量、薅羊毛等，都可以让商家的流量快速提升。如果用户看到某个爆款的流量高，下单购买，结果买回来后感觉跟介绍的效果相差很多，很容易做出恶评。如此，就会伤害到商家的信誉，爆款的打造就会举步维艰。

2. 更复杂，成本高

过去做广告、做推广，商家和用户的信息不对称，在电视上做个广告，挂个横幅，买个关键词，就能将流量吸引而来；现在，信息高度透明，渠道更加多元化，用户在各个渠道不断重叠，对企业来说，获客成本极大提高。

移动互联网时代的到来，对爆款营销提出了更高的要求，直接考验着企业和商家的质量和信誉，只有好产品和好内容，才能散发出巨大的威力。

由此可见，在不同的时代，流量的获取方式和获客成本截然不同，但最终目的只有一个：低成本获取流量，最终撬动用户的钱包。

二、流量认知误区

在打造爆款的过程中，要想办法吸引流量，但不能走入流量认知的误区。

1. 流量越多越好

对打造爆品的商家来说，流量越多越好吗？NO！举个例子，一辆公交车限载27人，如今却坐了40人，乘客的体验自然就不会很好。超过商家自身能够承载的流量限度，只会给用户体验带来毁灭性打击。

此外，流量的最终目的是销量和变现，流量的获取是有成本的，如果花钱买流量，流量转化率很低，那流量的获取就是亏本的。

然后，标题党、恶搞图片等也能产生流量，但这种流量不可持续，不值得尝试。

2. 高销量等于优质流量

有些商家，看到自己的销量高，就对自己的流量质量沾沾自喜。如此，也会走入误区。因为爆款销量很高，可能并不是因为人们确实觉得产品好，而是目标用户或在该区域和行业中，被逼无奈选择你的产品。如此，你的产品可替代性就很强。

高销量的流量不一定是目标用户创造的，如果多数销量是围观者，流量也是不稳定的。比如，几年前有个产品，有各种补贴甚至免费，虽然销量提高了，但这种补贴的流量无法持续，结果没有形成垄断，优质流量自然也就不多了。记住，依赖低成本获取的流量，如果该产品和服务没有在市场中取得垄断地位，是很难获得持续性流量的。

3.稳定的流量是安全的

流量稳定，就安全吗？显然，再大的流量也是不安全的，因为流量是处于变动中的；而且，如果商家对这种流量没有控制权，只能将自己的命运交到他人手中。

开始的时候，小黑裙在微信公众号共有700万用户，因为三级分销，原有公众号被微信关闭，一夜之间蒸发了700万用户。700万，流量确实很强大，但小黑裙却没有将这种强大的力量掌握在自己手上。

记住，流量是流动的，没有绝对的安全流量，只有将流量控制在自己手上，才能挖掘到更多的流量红利。

三、销量是流量的最终目的

销量是流量的最终目的，流量是因，销量是果。没有销量的流量，就是无效流量，商家只能亏本。

衡量流量是否优质很简单，就是看商家愿不愿意在自己的爆款上投入时间和金钱。

生意的本质就是流量，从商业角度来看，爆款的打造共涉及三种流量：

1. 效率带来的流量

如果你的速度够快，你的产品迭代更新及时，就会得到更多的流量入口，方便使用。

2. 成本优势带来的流量

比如，国美、苏宁等利用低价颠覆了传统的电器店，之后京东以更低价颠覆了国美、苏宁。

3. 品牌带来的流量

成本优势的对立面，既然低价商品有人买，高价的单品爆款自然也有人追求。

总之，从流量到销量的过程就是：获取流量、流量转化、流量持续增长、流量变现。这是一个系统工程，任何一个环节没做好，都会增加变现的难度。

第五章
爆款文案打造的五个诀窍

爆款的打造离不开网络平台，更离不开软文的推广，因此写出适合爆品的文案，也就成了提高爆品推广宣传的一大方法。当然，爆品的文案，也不能胡乱一抓，要符合一定的要求。

◆ 设计一个抓人眼球的标题
◆ 激发购买欲望，让用户产生购买冲动
◆ 进行短暂权衡，赢得用户信任
◆ 付钱剁手，付款成交
◆ 做好后续服务，给用户留下好印象

第一节　设计一个抓人眼球的标题

产品标题关系着自然流量，推广标题还会影响到爆品的点击量，优化得好就有利于计划中关键词的培养，也会间接影响到转化率。通常，服饰类有季节差异明显的爆品，标题需要根据季节优化调整；而冷门的小类目，标题则可以适当用一些搜索量较高的关键词；如果是竞争激烈的类目，还可以用精准长尾词作为标题核心关键词。

优化标题时，关键词不能重复堆砌，标题的每一个字符都不能浪费，要充分利用每一个位置；尽量少用空格，本身有空格的关键词，可以在中间插入其他关键词，如果是没有空格的长尾词，则要坚持紧密性原则，以便提高搜索权重；在推广的不同阶段，要对标题做出相应的调整，前期以精准长尾词为主，后期要加入流量热词，加大引流能力。

1. 运用场景法

一台榨汁机通常有很多卖点，如易清洗、口径大、汁多无渣、易拆装、绿色卫生……只是简单地把这些卖点陈列出来，用户给出的反馈大多会是"哦，真厉害，不过我不太需要"。这时候，为了说服他们，就要找到产品的使用场景，像用户一样去体验产品，知道用户在什么场景下会使用自己的产品，知道使用产品后会有怎样的效果反馈。比如，早上起床后描述榨胡萝卜养颜汁的场景，晚上下班回家后描述榨西瓜汁解渴的场景，周末描述给孩子榨开胃的柠檬汁的场景，用户就会给出不同的反馈。

同样，网购时用户一般都无法实际体验产品，要用文字来帮他们构建一个虚拟的使用场景，引起用户的场景联想，触发他们的购买欲望。比如，小红书在网上售卖的蒸汽颈椎腰腹贴，文案把场景锁定在"睡前"，主要是想让用户去感受该商品在睡前的使用体验。用户会不自觉地带入自己熟悉的情景，还没使用，肩膀、腰部等就好像有了放松的感觉。类似的场景设置会让用户联想到高品质的生活和状态，如此，用户买的就不仅仅是一个蒸汽颈椎腰腹贴，而是提高健康品质的可能性。

2.运用身份认同

满足用户"理想自我"的需求，比满足"现实自我"的需求有着更大的驱动力。如果你的商品和服务，能够帮助用户达到理想的状态，就在标题文案中尽可能地描述这一状态。

比如，女性用户都希望自己皮肤好，就可以推出"养出嫩白牛奶肌""比别人年轻20岁""让你全身都在发光""秒变光滑鸡蛋肤""皮肤白过雪"等文案。

比如，女性用户都想拥有好身材，就可以推出"吃了就瘦""瘦成一道闪电""细嫩白腿抹出来"等标题文案。

再如，运营研究社在包装用户运营课程时，我把文案写成了"一个离运营总监最近的岗位"，毕竟每一个做运营的人都希望自己能够成为运营总监。

3. 运用畅销性

从众心理是人类特有的属性，用某些关键词来明示和暗示产品很畅销，用户就会情不自禁地产生购买的欲望，就会开始说服自己购买。比如，如果某款爆品标题上含有以下内容："连续 5 年销量领导者""销售突破 100 万""卖断货""遭哄抢""百年老牌""出街必备""销量冠军"……相信，用户多数都会产生这种想法："别人都买了，我也得买！""那么多人买过的东西，应该靠谱！"

描述"畅销"，既能激发购买欲望，又能赢得用户信任，简直就是一箭双雕。

4. 运用便捷性

如果两款商品都能够满足用户的需求，一款商品只要 1 天就能达到想要的效果，另外一款需要 10 天才能达到，你会选择哪个商品？从本性角度来说，人都有惰性，相信多数人都会选择见效快的。这也是标题设计法中用到最多的方式——"便捷性"。

每天早上起来，为了装扮自己，女性一般都要花很长时间。如果有一款面膜产品说"早上 60 秒搞定护肤"，相信很多人都会动心，都会想点开看看是否真有这么神奇。

5. 运用类比法

通常，熟悉的东西在大脑中已经存在认知，更能唤起特定的联想。在消费生活中，人们已经对某几个品牌的印象有了趋同、较为固定的认知，用类比的方式，可以简单、直接、快速地让用户对陌生的产品建立起初步认知。所谓类比就是，用一个大家都不太熟悉的东西，跟大家熟知的东西做比较。看到白菜价的神仙水，用户自然就会心动。

第二节　激发购买欲望，让用户产生购买冲动

如果一个标题不能在 3 秒内吸引用户，也就失去了上场的机会。那么，用户被标题吸引，点开了你的文案，接下来怎么才能激发他的购买欲望呢？要想激发用户的购买欲望，就要找到用户的痛点。

还是以稷山板枣为例。

爆款产品需要给消费者一个购买的理由，也就是产品的核心卖点。而稷山板枣历史悠久，在中国十大名枣的排行榜中属首位，产品的优势不言而喻。所以我们重点提炼出以下几个标签，从产品文化维度讲历史：最古老的红枣、千年枣园。从产品体验感官上讲味道：含糖量高，能拉出金丝。

当为产品梳理出核心卖点之后，围绕着核心卖点，所做的品牌设计和包装，就有了主心骨，一系列围绕着"千年枣园""能拉出金丝的红枣"为中心的宣传文案，也就让外界对产品有了一个直观的认识和联想。

尤金·舒瓦兹在《创新广告》中说道：文案无法创造购买商品的欲望，只能唤起原本就存在于百万人心中的希望、梦想、恐惧或者渴望，然后将

这些"原本就存在的渴望"导向特定商品。也就是说，文案不能创造购买欲，只能激发购买欲。那么，哪些欲望能衍化成购买欲呢？

1. 占领用户的感官

婴儿时期，有个阶段在医学上被称之为"口欲期"。这时候的婴儿好奇心特别强烈，不管看到什么，或接触到什么，都会直接塞进嘴里。看到这一幕，妈妈们一般都会感到心惊肉跳，快速将孩子的手从嘴里抢出来，然后再看看嘴里有什么东西。其实，大人不知道的是，孩子是在用嘴巴去认识和探索这个世界。

人类所有直观的体验和感受都是需要我们的感官去感知的，如用眼睛去判断美，用鼻子去闻味道，用耳朵去听声音，用嘴巴去尝美味，用身体去触碰感觉……要想调动用户的感官，最直接的方法就是站在用户的角度，具象化地告诉他们：使用该产品时，感官都会有什么样的体验；同时，让这些体验成为具有画面感的文字。

在《红楼梦》中有个宴请刘姥姥的片段，其中有道菜叫茄鲞，曹雪芹是这样写的：

刘姥姥诧异道："真是茄子？我白吃了半日。姑奶奶再喂我些，这一口细嚼嚼。"凤姐儿果又搛了些放入口内。

刘姥姥细嚼了半日，笑道："虽有一点茄子香，只是还不像是茄子。告诉我是个什么法子弄的，我也弄着吃去。"

凤姐儿笑道："这也不难。你把才下来的茄子把皮签了，只要净肉，切成碎钉子，用鸡油炸了，再用鸡脯子肉并香菌、新笋、蘑菇、五香腐干、各色干果子，俱切成丁子，用鸡汤煨干，将香油一收，外加糟油一拌，盛在瓷罐子里封严，要吃时拿出来，用炒的鸡爪一拌就是。"

刘姥姥听了，摇头吐舌说道："我的佛祖！倒得十来只鸡来配他，怪道这个味儿！"

这道茄鲞是曹雪芹在书中花了大笔墨去写的菜，工序繁杂，配料繁多。仅看这段文字，即使是不喜欢吃茄子的人，恐怕也会食指大动，心生向往。

心理学研究表明，人类具有将视觉意象与言语信息联系起来的文化倾向，所以只要爆款的文案激发出概念，能够在头脑中产生清晰的视觉意象，即画面感，就能轻易让人产生印象。

如何来激发这种感官呢？通过具体形象的表述方法。举个例子，说到"脆"的时候，"薄脆"一词并不能让用户感同身受，换作"神奇的……饼，一口咬下40层"这样的描述，用户头脑中就会产生画面感，让视觉和味觉产生联动。

2. 科学地"吓唬"用户

要利用人们趋利避害的心理，科学地"吓唬"用户。

这里有个公式：恐惧诉求＝使用场景＋严重后果。可见，必须给用户设置一个使用场景。

2016年南孚推出了一款轻巧型的充电宝。当时充电宝市场已经饱和，这款充电宝的最大亮点就是轻巧，南孚利用漫画的形式给用户设置了三个痛苦场景：下班后约会、晚上聚会、逛街一天的时候，都需要带着笨重的充电宝。如果不解决，不购买，只能继续拿着大块头的充电宝受罪。如此，就成功地打动了用户。

所以，利用恐惧心理写文案时，一定要为用户设定痛苦的场景和严重的后果。威胁的易遭受性往往比严重性更关键，因为多数人都是无远虑而有近忧。

3. 社会认同

所谓社会认同，就是在群体中人的行为会受到他人的影响，甚至会根据其他人的反应作出相应的反应。

笔者曾经看到过一个关于从众心理的视频。

在一间诊所里，除一位紫衣女子外，其他人都按照事先安排好的，只要听到"滴"声就会站起来。等到几轮之后，紫衣女子听到"滴"声后居然也自觉地站起来。当这群人走完后，紫衣女子听到"滴"声，依然会自觉地站起来。

科学家认为，这种内化的群体行为就是我们所称的社会学习。在我们很小的时候，看到团体成员做某件事情的时候，大脑就会因为我们跟从了他们的脚步而奖励我们。这就是典型的从众心理。

爆款文案的写作中，应该如何利用这种心理来打开销量呢？可以列出自己的销量、用户量、好评量等数据，让用户更想去购买。举几个例子：

香飘飘奶茶："连续五年，成交量遥遥领先，围起来可绕地球十圈。"

拼多多："3亿人都在拼的购物网站。"

唯品会："注册会员突破一亿。"

火山小视频："×亿人都在玩。"

对于规模小的企业或商家，直接列出销量数据，会很寒酸。这时候，就可以尝试突出描述某一次或几次的畅销现象，给用户一种畅销错觉。此外，还可以通过名人、品牌的力量去增加爆品的影响力，吸引用户去跟随。

4.购买合理化

所谓购买合理化，就是为用户的购买找个合理的理由。直接告诉用户，这个产品不是为了享受，而是为了以下4件事的时候，更容易激发他们的购买欲。

（1）补偿自己。如果一个人觉得自己为别人付出了很多，或者为某一个目标付出了太多，就会想买款爆品"补偿"一下自己。这种补偿可以是物质的回馈，提高用户的生活品质。比如，三全水饺的广告语是："吃点好的，很有必要。"静心口服液的广告语是："女人更年要静心。"这种补偿也可以是精神的关怀，慰藉用户的心理。比如，京东小金库的《你不必成功》：你不必把这杯白酒干了，喝到胃穿孔，也不会获得帮助，不会获得尊重。你不必放弃玩音乐，不必出专辑，不必放弃工作，不必介意成为一个带着奶瓶的朋克。你不必背负那么多，你不必成功。

爆款文案的黄金法则是：激发购买欲望。生活在现代社会，面对生活工作的压力，很多人只能选择背负和承受。商家只要瞄准年轻人的心理痛点，写出鸡汤文案，利用共情心理，就能打动用户。

（2）激励自己。如果用户上进心强，想提升能力、拓展人脉、发展事业等，为了激励自己，可能也会购买爆款。举个例子：有这样一段广告语：

"我是×××，公司小、人脉少、拓展难，还好有……（爆款名称），精准锁定用户群，现在我的公司风生水起。"只要抓住用户的几大痛点，介绍该产品确实能够帮助自己成长，就能成功激励用户来购买。

（3）补偿或感恩别人。如果一个人觉得别人为自己付出很多，自己却付出很少，就会对别人产生愧疚感，想要做出一些补偿别人的行为。比如，常吃××确保孩子健康成长、有美好前途；购买××回报自己的父母、亲朋好友。经济学里有个有趣的效应，人在买东西的时候，总会给自己找借口说，这是为家人付费。然后，就会轻易地完成购买。照顾和保护自己所爱的人，特别是照顾父母和保护孩子，是所有人的天性，也是很多广告的原动力。

（4）追求健康。保持健康、增强体质、减少疾病风险、消除患病痛苦……既是人类生存的基本物质需求，也能不断进阶衍生出无尽的欲望。因此，爆品的广告语也可以从这些方面着眼。举几个例子：

伊利："每天一杯奶，强壮中国人。"

舒肤佳："爱心妈妈，呵护全家。"

5. 尊重需求——自我实现

在马斯洛需求理论里，尊重需求属于较高层次的需求，如成就、信心、名声、地位、被他人尊重和晋升机会等。尊重需求既包括对成就或自我价值的个人感觉，也包括他人对自己的认可与尊重。

好的爆款文案能激发出用户的好胜心和愿景。好胜心不仅要胜过别人，还要胜过自己，如果拥有某款产品后，用户能够变得更美、更聪明、更强大、更有魅力，用户多半都会动心。比如，人头马的广告语是："一生，活出不止一生。"这就告诉人们，喝人头马的人生活会更多姿多彩。

第三节　进行短暂权衡，赢得用户信任

赢得用户信任，是文案写作的最终目的。因此，在文案的字里行间，都不要流露出对用户的贬低和忽视，更不能流露出产品的不可靠信息。

很多人都有过购物失望的经历，淘宝、拼多多等用户秀和商家秀不知道为我们贡献了多少段子。只要说到掏钱，用户都会很谨慎。多数人都会想，这个东西有没有他说的这么好，要是买回来没有说的效果好，就会觉得自己吃了亏。多数时候，这种想法都是用户从想要（这款产品提供的功能服务）转化到想买（这款产品）之间的一道鸿沟。

在写爆款文案的时候，很多人会陷入自我视角的假设，默认用户相信文案里所有的描述，但是事实多半不是这样的。所以，在写文案的时候，要假设用户是不信任我们的，主动在这道鸿沟之间搭起桥梁，让用户相信我们的产品确实能解决这种问题，赢得用户的信任。

为了赢得用户的信任，可以采用下面三种方法：

1. 引用权威，提高说服力

权威原理告诉我们：权威对我们的行为有着强大的影响力，即使是有

着独立思考能力的成年人，也容易为了服从权威的命令而作出一些完全丧失理智的事情。简单来说，服从权威是一种简单但有效的生存策略。

权威，通常代表这个人在某一方面具有别人不具备的经验和能力。在原始时期，部落里的老人和首领就是权威，他们的经验多数是正确的，普通人只要遵照他们的命令执行，就容易获得生存优势。比如，很多人写文章的时候，为了提高说服力，会频繁地引用名人言论或举名人的例子。

不仅是文章里面，权威还经常被用在爆款的标题里。如此，不仅更容易让人相信，还能吸引他人的注意力。比如，"51岁的周慧敏还是25岁模样：这个保养小秘密所有女生都该知道。""被马东转发点赞，话题阅读过百万，这个1992年妹子的笔记究竟有什么魔力？""迪丽热巴同款女装60套，看女神都爱穿什么！"

如果你的产品有某个知名的用户、获得过什么知名的奖项，一定要用在文案中。这会让你的产品介绍变得更有吸引力和说服力。

2. 用事实证明

这里主要介绍两种方法：

（1）找到性能数据，链接到熟悉的事物上。即平常所说的"形象类比"。具体方法是：把读者无法直接感知的东西，变成可以用感官感受的东西。比如，形容手工洁面皂细腻：泡沫直径0.001毫米，比毛孔直径小，就像浓浓的奶油。形象类比不仅可以通过文案来呈现，还可以通过图片来呈现。比如，为了形容自己薄，杜蕾斯不说多少毫米，而是用了一张图，就像气泡一样。

（2）实践练习，即平常所说的试验证明。举两个案例：柔软床垫，形容非常柔软，不说非常柔软，而是说"鸡蛋压而不碎"。竹浆纸巾，形容主打"沾水不破，擦拭无纸屑"的坚韧度，不说有多坚韧，而是说"用试验和普通纸巾对比"。

3. 化解用户的顾虑

用户的顾虑一般有三种：产品顾虑、服务顾虑和隐私顾虑。其实，用户的顾虑都来自成本，包括金钱成本、行动成本、时间成本和形象成本。

（1）产品顾虑。对于金钱成本，用户担心的主要有两个方面：一个是太贵了，不愿或负担不起这种成本；另一个是怕钱白花，买回来没有效果。要想解决这个问题，可以这样做：对于第一种顾虑，可以提供分期付款的方式，如手机等。对于第二种顾虑，可以提供退货服务，打消他们的顾虑。

（2）服务顾虑。对于行动成本，主要考虑售中和售后服务是否到位。售中：是否送货上门？安装费用谁来承担？售后：一旦出现问题，提不提供换货服务？换货方不方便？质量保障多久？有没有承诺的保障？考虑到用户的顾虑，只要在文案中写下对应的方案即可。

（3）隐私顾虑。也就是形象成本。比如，用户购买情趣用品的时候，通常会有隐私方面的顾虑。这时候，为了打消用户的顾虑，就可以承诺"在快递包装上，不透露任何产品信息"。

第四节　付钱剁手，付款成交

文案的关键，是让用户付款。为了让用户快点付钱，就不要出现让用户感到疑虑的文字。

一旦商家打消了用户的顾虑，用户将爆品加入购物车，准备拿出钱包付款。这时，用户往往会衡量购买产品带来的好处和即将失去金钱的痛苦，就会开始犹豫和考量是否真的需要完成这次购买。犹豫之间，很多用户可能就会放弃购买。这时候，如何引导用户下单呢？

1.降低用户决策成本

本来已经决定购买，但到真正付钱的时候，有些用户就会犹豫不决：

这个月的预算好像超标了哦，要不等到"双十一"再买。——金钱成本

买了这款包，别人会不会觉得我装啊？——形象成本

这个乐器会不会太复杂了，我要是学不会，买回来可能会闲置啊？——学习成本

这堂课程确实挺好，但又要注册又要推荐码，好麻烦。——行动成本

这款蛋糕真的好好吃，但是吃完肯定会变胖，还是不要买了。——健康成本/形象成本

……

用户在最后掏钱的时候这么纠结，最终影响消费决策的消费成本，包括：金钱成本、形象成本、行动成本、学习成本、健康成本、决策成本等。商家要准确识别用户可能付出的成本，并予以"弥补"，降低他们的消费成本，促使用户毫不犹豫地下单。

上面这些例子的应对方法如下：

这个月的预算好像超标了哦，要不等到"双十一"再买。——金钱成本

回复：这段时间，这款产品价格最低，到了"双十一"，如果缺货，可能价格就上调了。

买了这款包，别人会不会觉得我装啊？——形象成本

回复：这款包包非常适合您的气质，也不会太扎眼。

这个乐器会不会太复杂了，我要是学不会，买回来可能会闲置啊？——学习成本

回复：这个乐器很简单，只要坚持学习一两个月，就容易了。而且，即使不学的时候放在一边，也可以提高您的品位和档次。

这款蛋糕真的好好吃，但是吃完肯定会变胖，还是不要买了。——健康成本/形象成本

回复：这款蛋糕确实很好吃，但含糖量极低，不会长胖的。

2. 价格锚点

价格锚点，1992年由托奥斯基提出。他认为，如果用户对产品价格不确定，通常会坚持两个重要的原则——避免极端和寻求对比，以此来判断该产品的价格是否合适。

（1）不要走极端。如果面前有三个或更多的选择，很多人不会选择最低和最高的选项，而会选择中间的那个。

（2）寻求对比。有人做过一个试验：把用户分成两组，分别问一种消炎药值多少钱。a组：你觉得这盒消炎药多少钱？结果，多数人估价50元左右。b组：你觉得这盒消炎药的价格是高于还是低于500元？结果，即使所有人都觉得感冒药不可能是500元，但仍然估出了高价格：200元。

在这里，b组用户刚开始被问的"500元"其实就是一次锚定，提高了用户对产品的估值，所有的这一切都是在潜移默化中发生的。

当用户无法判断产品的价值高低的时候，会选择同类的产品做对比。比如，同类产品中热销的产品价格趋势，确定一个衡量标准。因此，为了促使用户下单，就要利用价格锚点，或利用产品对比和暗示来制造一种错觉，获得用户对产品价值评估的认可。

3. 算账对比

当用户准备买单的时候，可能就要开始算账。如果她觉得这个东西家里已经有类似的，没必要买了，或觉得好像有点贵，这时候，就可以帮她算一笔账，让用户觉得很划算。

（1）平摊。如果当产品很耐用，价格比较高，可以用价格除以使用天数，算出一天多少钱。比如，一台洗碗机2800元，可以直接告诉用户："每天只要花费1.5元，就能从油腻的厨房里解放出来"，用户就不会再为价格而担忧了。

（2）省钱。如果产品节水、节电或替代其他消费，就可以帮他算出每年或10年能帮他省多少钱。当用户发现很快就能收回成本的时候，就会认为购买是划算的。比如，某公寓的文案："住XX，3年不涨房租"。抛出"3年不涨房租"这个点，好像一下子就为住户省了钱。

4. 稀缺性

限时限量限身份，其实就是打造产品或优惠的稀缺性，利用饥饿营销心理去促使用户完成购买。

日本东京有个银座绅士西装店，他们的促销政策曾经轰动了东京。他们首先确定了打折销售的时间，第一天打9折，第二天打8折，第三天、第四天打7折，接下来每两天递减，第十三天、第十四天打2折，最后两天打1折。

很明显，最便宜的是最后两天。但实际情况，第一天来的客人并不多，且看一会儿就走了。从第三天开始，人们是抱团光临；到了第五天打6折时，客人像洪水一样涌进来抢购。之后的日子里，连日客人爆满，等不到打1折，商品就全部被卖完了。

这种限制身份的做法，不仅可以吸引人们的兴趣，还能突出对应群体的特权，反而能够促成买单。

5. 使用场景

仔细观察可能就会发现，多数情况都是冲动消费。打开手机，看拼多多，看到这条裙子很美，这个榨汁机也好想要……很多客户就会立刻将它们放进购物车，却迟迟不下单。为什么呢？因为缺一个立刻使用它们的场景。因此，为了促使用户下单，就要主动为他们设计可能的场景，帮他们去想象拥有这件物品将会获得怎样的幸福和快感。

第五节　做好后续服务，给用户留下好印象

无论是书面表达，还是口语化表达，都可以归结为一种能力——文案！有营销力的文案，会让那些饥渴的、有消费能力的、认可你产品的用户主动跳到面前来。互联网时代，会卖的人与不会卖的人，最直接的差别就在于后续服务是否给力。

打造爆品文案必须紧扣三条核心线索！

做营销最切实的操作层面在哪里？营销即表达，即使爆品再强大、项目再好，如果无法用清晰、明了、生动的语言表达出来，用户也无法意识到，也就无法跟你的产品产生连接。好产品之所以卖不好，就是因为你不会表达！

创建爆品文案，为了给用户留下好印象，更要明确后续服务。那么，如何创建文案呢？记住：即使文案再有创意，也必须开始于"需要"，因为始终不能忘了商业的本质目的——购买。而购买始终都是基于需要，需要等于"需求"和"想要"。

一、用户为何需要

任何形式的产品文案首先都要先连接用户的生活或心理写照，人们之

所以关注你，是因为他们关心自己——你说的与我的需要有关吗？遗憾的现实问题是，多数人都习惯于站在自己的立场，开门见山地直接介绍自己的产品，商家说的，只是为了实现自己的销售目的，殊不知，用户不见得需要！

如何进入"为什么需要"的核心三要素：

1. 谁

也就是说，你要对谁讲？首先必须清楚用户群体是哪类人，做到有效沟通，否则很可能是对牛弹琴。

2. 需要

也就是说，针对这一类人的问题或渴望，告诉他们，需要做什么事情，需要某一类产品。

3. 诱因

也就是说，你针对的用户群体面临的问题，或他们心中的渴望。卖化妆品，必须先刺激女性对美容的强烈需求；卖保险，必须先拉起用户对保护生命财产安全的需求；卖豪车，必须先推动人们对身份自豪感的向往……而要想让用户产生强烈的需要意识，就要刺激问题的严重性！以卖护肤品为例：必须让女性意识到肌肤问题的严重性。如此，就可以这样开场：

你是否感觉肌肤粗糙，暗黄，无弹性，没有光泽？女人过了40岁，难免会出现肌肤暗黄、肤色不均匀、暗沉无光泽、色斑细纹等肌肤问题，就像给肌肤带上了一层面纱，怎么洗也洗不掉，原本的花容月貌也在这层薄雾的笼罩下失去了光彩。更严重的是，肌肤日渐松弛、衰老，你想回到十年前的花样年华吗？用户也只有意识到问题的严重性，才能产生切实的需要感！

二、用户为什么需要你

做任何营销的目的都是希望有一部分用户有理由看中你的爆款，选择你的爆款，也就是需要你的爆款！那么，既然希望用户选择你，自然也要给出让用户选择你的理由！

1. 我是谁

指的是产品及品牌定位，告诉用户我是某一个品类当中最好的或独一无二的。

2. 我的资历

指的是我有什么强大的信任优势，让用户明白，选择我是靠谱的，是最可信的！

3. 我的卖点

指的是我的产品的价值特色，我能给用户带来哪些非同凡响的价值。

以护肤品的产品为例。

我是谁：高效能吸收力护肤领导者。

我的卖点：渗透力是普通护肤品的 30 倍，取材来自全球九座著名庄园，100% 安全无添加。

我的资历：专注美颜 90 年，始于民国名媛时代。

用户之所以能够被商家打动，就是因为你的产品特色、非凡卖点和信任优势!

三、立刻行动,不拖延

拖延,是扼杀行动的刽子手。如果用户迟迟没有行动,不是走着走着就淡了,而是走着走着就忘了,所以,必须给出让用户现在就行动的理由!

1. 让用户感知更强烈

所谓感知更强烈,核心就在于描绘可预见的结果体验。具体来说就是,提前把用户使用该产品所产生的成效生动地描绘出来,让用户有身临其境的感受能感知到产品价值,进一步拉起用户的行动欲望。依然是护肤品,怎么让用户的需求感知更强烈呢?可以这样描绘:

第一天使用后,皮肤明显清洁干净,暗沉一扫而光;使用第三天后,肌肤细致清透,透明度大大提升;使用第七天后,以往"大油田"、黑鼻头、黑脸的窘相全然消失,肌肤焕然一新,你看到镜子里"新鲜"的自己了吗?

需要提醒的是:如果是电商文案,用文字如此描绘时,最好配合图片或视频来同时展现几个层级的体验过程,以便增强感知力,促使用户萌发购买的冲动。记住:蠢蠢欲动来自身临其境的体验过程!

如果你是卖床单的商家,做电商或移动电商营销,必须把床单铺在豪华的席梦思床上,拍下清晰的图片,床上最好还有一位睡美人的姿态,让人们感受温馨和浪漫,这叫场景化营销!如此就能告诉用户,在买回去之后，就是这么使用的，而不是放在包装盒里"珍藏"的。只是把床单的包装拍下来，用户很难产生购买的向往，因为无法感知到产品的价值。

2. 让用户觉得购买更值得

为什么要让用户觉得购买更值得？交易的本质就是价格和价值的交换，只要是交易，都会涉及价格。而一旦涉及价格，用户心里就会盘算，花这个价格是不是物有所值？如果能让用户感知到买你的产品确实物超所值，比买别人的更值得，用户多半都会下单。

在意识到产品价值之后，多数用户之所以迟迟没有作出购买行动，根本原因就在于：买你的是不是更值得？因此，要让用户感觉到购买你的更值得，就要从价值和价格入手，拉升价值的维度和深度，减轻价格的痛苦。

3. 爆款的供应更紧俏

为何要让你的供应变得更紧俏？想想看，如果一件东西泛滥成灾，谁都能轻易得到，你会不会珍惜？反过来，从商家的角度讲，总不能直接告诉用户：你的东西多得卖不完！人家一想，不着急，过两天再买吧，于是就搁浅了！

稀缺产生增值，饱和导致贬值。越是紧俏的东西，越容易驱使人们产生行动，因为，人性的弱点之一就是害怕失去，想要不失去，唯有现在就行动。

如何制造紧俏感？核心操作思想就是限时、限量、限价！例如，卖房子的广告文案结尾：

忠告提醒：本楼盘限量发售 100 套，仅剩 49 套，预计 7 天内将会全盘售空，好房子可遇不可求哦，务必抓住眼下即将流失的机会，赶快拨打电话……与我们最热心的服务人员预约看房吧！

第六章
单品爆款的宣传和推广

单品爆款的宣传和推广,是爆品打造的必经之路。因为,只有扩大宣传,才能让更多的人了解产品;只有广泛推广,才能将爆品的影响力最大化。

◆ 爆款的推广渠道和平台
◆ 影响推广效果的四因素
◆ 不要步入单品推广的误区

第一节　爆款的推广渠道和平台

虽然好的策划是成功打造爆款的关键，讲述故事有利于产品推广，但仅仅依靠这一元素还是难以取得最终的成功。与专业团队相比，个人的实力具有更大的局限性。所以除了好的策划外，还需选择合适的渠道和平台来运作，将灵感变成可操作的商业模式。

近年来，国内市场上涌现出很多电商平台，确实有一些取得了理想的运营效果，但要想将前期推广做得更加到位，还需根据自身发展需求及自身平台特点寻找合适的平台合作。

网络时代下的爆款塑造，依靠的是互联网平台强大的传输能力，因此，选取适当的宣传方式对于打造爆品很重要。推广方式选取得恰到好处，能够使宣传效果加倍；相反，方式选取得不到位，效果肯定会大打折扣。另外，商家也可以尝试利用众筹模式在网络平台上进行推广，看一看用户对产品的认可度，然后决定产品是否正式投入市场化运作。

对产品进行重新包装和塑造之后，就需要开始推广了，在这里大家要记住一句话：让精准客户愿意购买的叫产品，让所有人都想购买的叫爆品。怎样才能让所有人看了都想购买呢？这就是爆款打造的第二步，让消费者在产品中找到自我认同感，我们依然以板枣项目为例加以说明。

在设计用户认同感时有这么几个关键点：猎奇—化妆—利益—认同。

首先，通过产品的卖点直截了当地勾起用户的好奇心：可以拉出金丝的枣？这是什么枣？其次，通过产品的另一卖点：历史底蕴，来给消费者化妆，"等待千年，只为枣到你""尝金丝古枣，品历史底蕴"，赋予消费者对自身文化底蕴的完美遐想。

同时这里有一个小技巧，就是提供一个能让用户自发传播的媒介，让产品自带传播属性，所以在设计包装的时候，我们将产品和包装进行区分，将包装的功能进行延伸。使用木质包装盒，一旦用户拆开快递首先就会对精美的包装盒产生好感，再加上产品好吃，包装精致耐用，即使产品被使用完了，依然可能进行二次购买。

用户是感性的，也是理性的，当产品赋予其感性需求，再加之理性利益驱动，引导消费者分享不再成为难点，最后，消费者完成购买将升级为红枣代言人，以"千年板枣，等待千年，只为枣到你，马上购买还可以分享赚钱，马上点击关注进行了解吧！"为主题活动的推广链接，迅速霸屏自媒体平台，同时参加此次活动，还能参与本项目的爱心公益捐赠活动，并获得产品附加的培训课程门票一张，产品的优质是能切身体会并能通过味觉感受出来，赠送的附加产品也是实质上的感官和切身体验，一举两得的售卖方式为用户创造了一场愉快的购物之旅，当然用户对产品的口碑和好评就如约而至了。

自媒体推广栏目设置：

一起枣恋

我的枣园（如何用枣赚钱、获取推广图片、获取推广链接、我的分销中心）

枣小蜜

枣小蜜（枣学堂、枣问答、枣故事、枣售后）

系统后台流程：关注公众号—购买产品—系统默认升级—获取专属链接和后台系统—分享—专属链接购买后提成—分销中心查看提成—申请提现—提现到账

用户购买流程：关注公众号—购买产品—产品发货—用户收货—用户体验—好评分享

如今，跟媒体人合作，进行产品推广也是一个不错的选择，完全可以利用传统媒体渠道进行信息传播。另外，诸如微信和微博达人，还有一些区域性线上平台，在当地拥有较强的影响力，都可以作为合作的媒介。

只要能够集中利用并组织好媒体资源，找到恰当的时机，集中优势力量进行媒体推广，迅速提高产品的影响力，就有机会推出爆品。

很多商家和个人创业者在做爆品营销推广的时候，经常会面临找用户难、没有流量的问题，多数原因在于，流量渠道的来源太少。这里，就给大家分享几个网络营销推广的渠道。

1. 论坛——人气最旺

利用论坛的超高人气和流量，可以有效地为爆品提高营销传播效果。

论坛推广是一种元老级的网络推广方式，在当下新型媒体营销成风的趋势下，依然发挥着重要作用；在搜索引擎的收录方面，也能取得不错的效果。做好论坛推广，不仅可以增加品牌信息收录，与产品相关的关键词也会得到较好的排名，从而维护品牌形象，提升品牌关注度。

2. 软文——效果最好

软文推广是网络推广中不可或缺的工具之一。为了推广爆品，很多企业都会在大型平台上发布与自己产品相关的软文，在文章里植入长尾关键词或品牌词，引导用户进行搜索。一旦被百度收录，效果就会持续更长时间，不仅效果好，而且在众多网站投稿、发布软文都是免费的。需要注意的是，软文推广对软文质量要求较高，一味地将广告"软性化"，可能会被网站拒稿。

3. 博客——作用非凡

博客是目前人流量大的网络推广平台之一。要想长久地迎来来访量，重要的还是对博客内容进行时常更新。保持一定频率地更新，会让各大搜索引擎爱上你，捕捉到你。同时，自己的文章要有关键字，也可以定期去谷歌、百度、雅虎提交自己的页面。此外，互访是最有效的推广，站外链接和友情链接都很重要。

4. 问答平台——互动激烈

问答类网站具有极强的互动性，信息传播速度很快，利用问答类网站，结合相关技巧，就能抛出用户关心的问题并进行解答。植入的相关信息，最好具有权重高、收录快、排名好等特点，问答平台养号是关键。

第二节　影响推广效果的四因素

影响推广效果的因素主要有：目标爆款商品的包装策划；围绕单品推高浏览量；关注流量和转化率两个指标；营造口碑，持续产生消费活力。

一、目标爆款商品的包装策划

在商品同质化现象日益严重的今天，我们总是希望能够借助一种方法将同样的商品以差异化的形式展现在用户面前。

无疑，与众不同的包装设计以其出众的视觉识别力所形成的高度感官评判，会帮助我们的商品从众多竞品中脱颖而出，使用户留意、停顿、观察、赞赏并产生购买行为，这也是每个商家所追求的最理想化的包装设计。

1.重视爆品的包装设计色彩

通常，包装设计应从色彩设计和文字设计两方面进行：

（1）色彩设计。在一定程度上，色彩设计在包装设计中占有重要的地位。色彩是美化和突出产品的重要因素，包装色彩的运用与整个画面设计的理念、构图等密切相关。包装色彩要求平面化、均匀化。基于联想和色彩习惯，高度夸张和变色是包装艺术的一种手段。同时，包装的颜色也必须受到技术、材料、用途和销售领域的限制。另外，在包装设计上，为了激发用户的购买欲望，促进销售，色彩上要更加醒目，对比强烈，具有很强的吸引力和竞争力。

（2）文字设计。文字是传达包装不可缺少的组成部分，优秀的包装设计一般都重视文字设计。包装上，可以放哪些文字呢？首先，基本文字，包括品名、出厂企业名称等；其次，资料文字，如成品成分、型号、规格等；最后，说明文字，说明产品的用途、用法、注意事项等。

2.用产品包装激发用户的购买欲

产品包装设计应激发用户强烈的购买欲望，直接形成购买力！

能否激发用户的购买欲望是衡量产品包装设计成败的重要标准之一。用户的认可和购买是对产品包装设计的最大奖励。为了实现这一目标，要充分考虑各种因素，从实际出发，得到越来越多用户的接受和认可。

产品包装的需求点是：包装设计应该具有最突出的东西，这是产品的主要诉求点，也是产品的卖点。能否抓住这一关键点，是决定包装成败与否的关键。

3.用包装将产品与竞争对手区分开

包装，可以将产品和竞争对手区分开来。以薯片为例，"品客"的薯片是用纸桶包装的，很容易与其他塑料袋包装的薯片产生差异，用户很容易辨认。

此外，包装还应具有消费描述的作用。许多产品的特殊卖点决定了其消费模式不相同，为了让用户了解其特殊性，包装设计必须有足够的信息，否则会导致产品信息通信不顺畅。

最后，包装使产品具有携带性。以饮料为例，从散装到玻璃器皿装，一直发展到如今的PTT瓶，更主要是考虑了消费的"移动性"。此外，瓶装饮料和纸包装饮料在容量上的差异主要是由于用户的流动性引发的。

4. 产品包装要注意陈列效果

完成产品包装后，接受消费检验的第一个场所就是终端，所以在包装设计过程中，必须考虑单个产品、系列以及同一品牌不同类别产品在终端的展示效果。

如何使商品在货架上脱颖而出，是产品销售力和吸引人们视线的临门一脚，是产品包装设计中的一个重要因素。包装设计不应以美观为目的，必须融入营销思维。只有这样，包装设计才能有助于销售，打造品牌。

二、围绕单品推高浏览量

什么是浏览量？所谓浏览量指的是门店页面被用户访问的次数。用户多次打开或刷新同一个页面，浏览量就会累加。商家为何一开始就要重视和提升流量，流量对商家的作用到底有多大？答案就是，没有流量，就没有一切！

众所周知，交易额 = 流量 × 转化率 × 客单价 × 复购率，在其他因素（转化率、客单价、复购率）保持不变的情况下，流量越高，销量越高。从一定程度上来说，浏览量的高低也体现了曝光度和知名度的大小，还能帮助商家获取更多收藏量、订单量和会员数量，累积更多的评价和晒图，因此围绕单品提高浏览量异常重要。那么，如何提升商品浏览量呢？

1. 把握好上下架时间

要想取得好的浏览效果,就要重视在线商品的上架时间,比如,上午 9:00-12:00,下午 13:30-17:30,晚上 19:00-23:00。其实,对于小卖家来说,根本没必要去争取这些黄金时段的上下架时间,最好选择竞争较少、交易较多的时间上架。比如,如果只是白天在线而晚上不在线,就不要在晚上上架,否则有客人咨询,也无法及时给出反馈或回复。

2. 优化标题关键词

不同商品处于不同时期,为了提高浏览量,就要用不同的方法来优化标题:

(1)新商品。商品刚上架,要想优化标题,可以先利用搜索栏下拉框的精准长尾词,然后再结合相关词和属性词进行。

(2)处于成长期的商品。如果商品已处于成长期,可以将搜索栏下拉框的相关词作为关键词。

(3)有一定销量并保持稳定的商品。如果商品有一定的销量且销量稳定,就可以将品牌词、相关词、属性词和热搜词等结合在一起,作为商品标题。

3. 合理利用橱窗推荐

(1)将重点的、有销量的商品放入橱窗进行长期推荐,作为重点引流的商品,吸引消费者。

(2)销量较低的商品,可以按照"优先推荐快下架商品"的原则进行推荐,引起人们的关注。

(3)在一周的时间里,商品的分布要均匀,不能今天都是甲类,明天都是乙类。种类多样化，客户可以做出多种选择，才会愿意长时间浏览并停留。

（4）每天起床后和睡觉前，检查一下自己的橱窗有没有全部利用上，如果没有，就要及时改进。

4. 主动进行商品促销

要想将人流吸引过来，进行的促销活动就要有亮点，让客户产生一种"只要买就赚了，不抢明天就没了"的急迫感。举个例子，为商品设置折扣时，显示折扣倒计时的剩余时间，就可以提高浏览量。

5. 不要忘了关联营销

通过量子统计，可以看出店铺流量的主要来源。想象一下，如果你想购买某款商品，浏览甲店的商品，发现店铺很单调，没有其他宝贝链接；而销售同样商品的另一家店铺，却设置着其他相关商品的推荐及店铺热卖商品的链接，你会选哪家的？会在哪家店的停留时间比较长？因此利用关联营销，也是提高商品浏览量的一个好方法。

6. 打造爆款，提高人气

客户关注较多的一般都是爆款，因此提高浏览量，一般都是从爆款的打造入手。

对于中小卖家来说，虽然无法参加聚划算等大型促销活动，但可以报名参加"天天特价""付邮试用""满就送"等小型活动，吸引人群，得到可观的浏览量。不过，选择的产品一定要质量可靠，有着较高的性价比。

7.用小礼物给买家留个好印象

给买家寄商品的同时，可以顺便寄上自己门店的名片、宣传单或小礼物。在这些载体上印上自己店铺的名字、网店地址，加深买家对你店的印象。等到买家对某种商品有需求，而你店正好有售，往往首先就会想到你。

三、关注流量和转化率两个指标

1.关注流量

如今，很多打造爆款的商家都对一个问题感到异常烦恼：如何在互联网上做流量？

传统做流量的方式就是渠道，可是在互联网上做流量光靠渠道远远不够，还必须要用互联网的方式，这种方式就是设计流量产品。

什么是流量产品？就是用产品来拉动用户流量的方式。设计流量产品甚至是爆品模式的一个必修课。

互联网公司做流量产品最常使用的一个办法就是免费或补贴。比如，"首单免费"几乎是所有互联网公司最基本的招数。神州专车有一段时间是"买100返100"，后来免费给所有用户送1000元优惠券，当然每次只能使用50元，且大部分只能在接送机时使用。

在传统企业中，宜家是设计流量产品的高手。宜家是一家传统企业，但能在电商这个大浪潮里一直独善其身，非常不容易。2013年宜家网站的访问量增长了近20%，同时线下店的客流量仅下降了1%。笔者认为，宜家能成为传统家居企业中的异类，不是因为家居品类的特殊优势，也不是因为宜家的供应链强大，而是因为宜家拥有强悍的流量产品。

什么是流量？流量就是用户关注；不仅是用户关注，更是目标用户的信任；不仅是目标用户的信任，还要成为粉丝；不仅是粉丝，还要成为铁杆粉丝；不仅是铁杆粉丝，还要给商家贡献终身价值。

在互联网社会，所有的流量都需要用互联网的手段连接起来，变成实时在线、可影响、可交互的数字化关系。

（1）如何产生流量？流量需要人+企业+产品共同创造。在互联网传播社会，人是产生流量的核心。现在是人与人的社会，要把所有的人员都变成流量中心，特别是企业的老板和管理人员。比如，马云是流量中心、雷军是流量中心、张瑞敏是流量中心、董明珠是流量中心、李宁是流量中心……在小米，管理人员也是流量中心。

爆款要想成为流量中心，就要有传播属性，有粉丝价值。在未来，粉丝是品牌的护城河；同时，产品要自带IP，要有传播属性，要具有产生粉丝的价值能力。

（2）流量入口在哪里？企业要把所有能与目标用户接触的场景都变成流量入口。①产品是重要的流量入口。爆款只要能够满足用户的体验，就会产生最有价值的流量；②所有的终端都是流量入口。终端有海量的流量资源；③所有的第三方平台都是重要的流量入口，包括电商、外卖、社交平台等，他们自身都有海量的流量；④能够与目标用户建立链接的自媒体是流量入口。可以产生找到用户、建立链接、产生影响的作用。

可见，流量在线下+线上。但是，所有的流量都必须要建立互联网的链接。

（3）如何做流量？传播是带来流量，营销是做流量转化。传播是创造流量的主要手段，还是以自传播为主体的传播方式。在互联网传播社会里，所有的企业都是媒体，所有的管理者都是传播者。爆品营销首先要从传播开始。贯穿"以人为中心"的爆品营销的主线，就是传播。

如今，传播的手段逐步由大众媒体转向小众媒体，重点是要占据用户的移动手机空间。数据显示，中国互联网用户已经达到9亿多，其中，移动用户占到90%，周用户在线时长达到44个小时，微信用户达到10个亿，日在线时长达到60分钟以上，今日头条用户达到1.5个亿，日在线时长达到74分钟……搜索已经成为越来越多的人获取各种信息的主要途径。

通过传播获取的流量如何转化为用户，考验的是企业的营销能力。企业要通过一系列的营销手段把流量转化为用户，实现与目标用户的直接链接。

2.关于转化率

要想提高转化率，就要从以下几个方面做起：

（1）努力提高引流质量。流量越精准，转化率越高，这就要求引流文案要经过筛选，经过有计划地删减；成功的引流文案其特点就是简短、精准、接地气，文字不能太多，不能太啰唆，要尽量简洁干脆。因为，只有这样，才能保持条理清晰，合理安排计划。

可以用直通车优化软件辅助推广。比如，省油宝。只要分别开通长尾词计划和主推计划，就能提高长尾词计划低价引流，主推计划就能为不同的运营阶段（如上新、热销、活动等）选择不同的推广策略，就能根据关键词的不同进行数据反馈、分类和调整，如表6-1所示。

表6-1 提高转化率的各种方式

关键词	说明
有转化的中等流量词	这部分关键词的转化率虽然不太高，但也有定期成交，引流也处于中等水平。对于这类流量词，就要适当提高出价，然后根据具体情况来引进更多流量。如果数量有提升，就说明这类词有可能成为优质流量词，应该继续保持出价；如果数量出现下降，就要停止出价，退到原来的位置
高转化流量词	这类词一般都需要重点监控，引流能力强，转化可以超过类目平均水平。对于这类流量词，一定要保持住排名。如果是优质位置，就可以在接受范围内主动去抢夺优质位置；如果转化率数据下降，就要退下来
低转化大流量词	这类词是耗能大户，只花费不产出，需要降低关键词出价，采用以合理的成本获取流量。如果长期没有转化，为了减少不必要的花费，提高计划整体转化率，就要直接将这类词删除；也可以适当做些流量转移，比如，详情关联推荐，用其他产品来消化部分流量，提高流量价值
具备潜力的转化词	这类词通常都有收藏和加购行为但没有转化，作为潜力股，不能花费太高，可以保持中等引流位置，但要做出转化引导，比如，加购、收藏送优惠券等，看看后期的转化是否有提升。如果转化率得到提高，就能适当提高出价，获取更多的展现机会

（2）调整好关键词出价。关键词出价对排名有着直接影响，不同排名获取展现的机会也完全不同。不是位置越靠前转化越高，各关键词都有更合适的位置，只要转化率足够高，就能占据最好位置。

关键词投放初期要获取足够展现，出价要高于市场平均价格，方便获取展现，之后再根据数据调整。如果获取展现过少，就继续提高出价；如果出价超出心理预期，展现少，就要放弃该关键词。①根据转化修改出价。到了推广中期，主要工作是提升转化率，提升转化率高的关键词排名，争取优质展位。转化率中等关键词，要根据前后爆品产品是否占优势，然后做出提高或降低排名的决策。对于转化率较低的关键词，要降低出价、控制花费。②减少无用花费全面提高转化。产品进入推广末期后，要尽量砍掉无用花费，不管是投放时间，还是地域或人群，都要精简流量；如果转化较低，就不要投放，可以将关键词按照花费进行排序，根据展现量、点击率、转化率等多项数据设置指标，将主要精力投放在精准关键词上，无用的关键词，直接删除即可。③根据流量修改出价。前期投放关键词，首先要获取流量，对于没有展现和展现量过少的关键词，可以统一提高出价，继续观察引流能力；对于精准长尾词，可以大胆出价，争取首页位置，获取足够流量；如果是热词，出价可以保守一些，要根据反馈数据来逐渐提高出价。

（3）商家或门店开展营销。可以采用的方法主要有：①开展活动。商家或门店要不定期地举办活动，更新商家或门店动态，一年到头都没有变化，用户自然就无法提起兴趣。在节假日、店庆、品牌日、会员日等，都可以策划一场活动，为店铺补充活力、增加生机。②关联营销。关联营销设置，不仅可以减少跳失率，还能增加访问深度，给用户多一个选择。具体方式：首先，通过关联产品的反馈选出流量，获得转换较好的产品；接着，把产品设置成关联营销，提升整体客单价；最后，通过数据，找到具有潜力的产品。③维护现有用户。用户的引进需要花费很多成本，商家要把握机会，引导用户下单。如果用户的购买意向比较明显，却无法果断做决定，就可以直接回复："此款销量火爆，下单晚了就没有了哦"提高用户的紧张感；或者回复"现在下单可以给亲赠送一套小赠品哦"，多一些诱惑的引导。④金牌服务。不管是售前还是售后，商家都要耐心地为用户解决问题。用户咨询时，要做出专业的产品解答；用户有疑虑时，要站在用户角度进行分析。只有享受到愉快的服务，用户才能成功转化，成为长期忠实用户。

四、营造口碑，持续产品消费活力

"我本将心向明月，奈何明月照沟渠。"出自元代高明的《琵琶记》，如今很多企业创始人都拿这句话来问我"产品这么好，为什么用户不买账？"一个产品要想成为爆品，找到用户痛点是关键，找到产品尖叫点是原则，引爆用户口碑是放大器。

2011年7月，小米手机1推出时，找的是用户的一级痛点，就是智能手机都是伪智能，性能不够高。小米手机1找到一个产品尖叫点：中国首款双核1.5智能手机，售价1999元。当时的小米一穷二白，没人知道如何引爆口碑。8月小米做了一个爆点营销活动："我是手机控"，让用户晒自己用过的手机。当时微博上的传播还是以纯文字、图片为主，如果只是让大家来晒手机，参加成本太高。

于是，小米开发了一个"我是手机控"的页面生成工具，一键就可以生成一个专属自己的手机编年史，再点击"分享"，就可以发送到微博上。活动当天晚上一上线，转发就突破了10万次。据统计，"我是手机控"话题在新浪微博上有超过1700万条讨论，而小米没有花一分钱的广告费。

这就是引爆口碑的力量。爆点营销的核心就是通过互联网引爆用户传播的能量，爆点的核心，其实是精准。

1. 口碑营销的优势

相对于爆品营销来说，口碑营销具有以下几个优势：

（1）能够让用户信服。广告，多数都有夸大的嫌疑，而口碑通常都是在亲友、同事或信任的人之间进行传播的，多半都令人信服。此外，口碑传播的双方都生活在同一社会背景中，在文化、观念、意见和价值判断上相当接近，消费观念自然也就易于理解和认可。

（2）自动自发，不强迫。广告传播一般都是由企业进行的，而口碑传播都是自动自发的，几乎不用花费传播费用，传播面往往更广。因此，为了推动口碑传播，可以在推广初期使用一些方法，但一旦有了基础用户，就要依赖于基础用户的自动自发了。

（3）给用户留下深刻印象。口碑，通常都发生在人们的聊天之中。聊天，通常都会有特定的场景；爆品的口碑传播，同样也离不开故事。只要传播人在故事中融入自己的亲身感受，一旦传送给被传播人，很容易在脑海中形成印象。

（4）需求针对性强。现在的社会是一个圈层社会，各社会圈层里的人都有很多共同需求，口碑也是在圈层里传播的，有利于实现精准营销。

需要注意的是，口碑营销具有不可控性，过硬的产品和服务是基石，一旦形成坏口碑，就会对商家造成严重的伤害。

2. 口碑营销，如何玩？

口碑营销的重要性不言而喻，但又是不可控的，那么究竟该如何玩呢？

（1）选择合适的人群。并不是所有的爆品都适合做口碑营销，尽管所有的爆品都会有口碑。一般来讲，衣食住行、吃喝玩乐等和生活息息相关的爆款适合做口碑营销，如服装、鞋帽、日用百货、家用电器、食品饮品、各类服务等；年轻消费群体比年长消费群体更适合做口碑营销，女性消费群体比男性消费群体更适合做口碑营销。而电子产品、汽车等商品，男性消费群体比女性消费群体更适合做口碑营销。

（2）提供优质的产品和服务。从本质上来说，信息流和水流都是落差流动力。产品和服务达到用户期望值，基本上没有口碑信息流；产品和服务超出用户期望值，就会有好口碑信息流；产品和服务不及用户期望值，就会有坏口碑信息流。优质的产品和服务是口碑传播的基石，忽视了这一点，后面的技巧也就无从谈起。

（3）重视意见领袖的作用。意见领袖的传播是呈指数型传播，传播作用异常巨大。对于一条信息，如果由普通人来传播，只能将信息传递给10个人，但一个意见领袖却能将信息传递给1000个人。因此，要想打造爆款，就要重视意见领袖的作用。

（4）关注服务细节。如今，市场竞争越来越残酷，创意和创新更容易被复制，只有关注细节，将产品的每个细节和服务都做得尽善尽美，才能成功突围；只有经过一点一滴的细节积累，形成话题、故事和落差动力，才能产生好的口碑传播。

（5）全部总动员。首先，员工承认自己产品好，有利于品牌的口碑传播，员工承认自己的产品不好，就会对产品的口碑传播造成负面影响。忽视内部口碑营销，前面的所有工作都将白费。其次，要上游供货商、下游经销商等一起参与进行。

（6）充分利用互联网。借助互联网，口碑营销的传播速度会更快，信息流动性会更强，覆盖到的潜在用户更多。虽然存在大量职业水军，但并不妨碍口碑营销。因此，为了提高推广的影响力，就要将互联网和移动互联网充分利用起来。

（7）给用户意料之外的惊喜。如果产品和服务的质量都不错，就要多给用户意料之外的惊喜。只有多跟用户发生故事，才能找到更多的话题，用户才有动力进行口碑传播。

第三节　不要步入单品推广的误区

对爆品推广认识不清，实施步骤不正确，很容易走入推广的误区。对于这些误区，要吸取经验教训，争取在打造爆款的道路上不再重犯。

新手推广最常见的六个误区，看看自己是否中招？

1. 增加好友扩充客源

为了扩充客源，商家一般都会不断地增加好友。但是，如果目的性不强，见人就加，即使增加了成千上万个好友，也不见得是真正的潜在用户。因此，在加好友之前，先做好产品的目标用户群分析。比如，爆品是大众护肤品，客源就要以中青年女性为主，价格不能太高等。

2. 刷屏式广告

只要是刷屏，都会引起人们的厌恶，广告更是如此！因此，在发布广告的时候要遵守这样几条原则：在朋友圈塑造一个某种类型爆品的形象；一次不要超过三条；完善广告内容，增加实用知识分享。比如，做面膜，可以跟用户分享季节护肤知识、手法等。有价值的内容，不仅可以引起用户的阅读兴趣，还能降低被屏蔽的可能。

3. 注意塑造朋友圈形象

在网络社交时代,朋友圈是商家的第二张脸,为了扩大爆品影响力,就要努力塑造一个好的朋友圈形象。塑造形象要注意两点:第一,吸引力;第二,信任感!朋友圈没有吸引力,用户停留的时间就不会很长;朋友圈没有信任感,用户自然也就不会购买你的产品。

4. 固守朋友圈不动

朋友圈的客源是有限的,固守自己的朋友圈,很容易失去客流。因此,为了将用户引流到朋友圈,就要将代理的方式充分利用起来,如果实在不懂,可以到微博上进行学习;此外,抖音、小红书等也能成功引流,这些内容很多公众号里都有,完全可以拿来学习。

5. 将重点放在宣传上

爆品的打造,好产品是根本。在选择爆品之前,一定要想清楚自己究竟要做什么。产品质量不过关,即使靠虚假宣传完成销售,也只能是一次性生意,还会影响个人和团队的信誉。

6. 死守熟人生意圈

使劲儿在朋友圈兜售爆品,忽视了客源的开拓,只盯着熟人那点人情,只能让自己的路越走越窄。人情买卖是有限的,为了提高爆款的推广效果,就要不断开拓精准市场。

任何引流方法都需要配合朋友圈的打造,记住:粉丝引进来,首先要相信朋友圈,然后再相信你的人。朋友圈的打造决定着流量引进来的转化率。

第七章
爆款打造的五个新思路

思路，是事情完成的脉络。打造爆款也需要厘清思路。记住：只有将思路整理清楚，才能少走弯路。

◆ 用爆款的社交属性，帮用户建立优越感
◆ 利用外部环境，激发用户的使用欲望
◆ 从用户心理出发，发挥情绪的能量
◆ 拓展可讨论空间，引发人们的讨论
◆ 用生动的故事进行口口相传

第一节　用爆款的社交属性，帮用户建立优越感

优越感，是用户的一种心理需求。好的商品，能为用户建立优越感。同样，能够给用户留下好印象的爆品也能为用户建立优越感，因此提高产品的社交属性，是爆款的一项重要内容。

社交是产品传播的重要路径，有了社交属性，爆款也就自带了流量和传播性；同时，社交流量还是一切流量之源，因为"社交是人的天性，社交流量是高频流量，社交流量永不枯竭"。

当下，是中心化流量分配模式逐渐式微、社交电商异军突起的时代，赋予产品社交属性更为必要。那么，如何为产品赋予社交属性？

1. 让爆品成为话题

话题，不仅可以让交谈的双方避免尴尬，还能获取对方的认同。只有关注爆品背后的品牌的故事，让产品成为谈论的话题，才能避免商务社交中的尴尬，让爆品多些社交属性。比如，为了强化宣传效果，海尔举办了"洗衣机立币大赛"（在高速运转的洗衣机上将硬币立起来），吸引了大量观众的围观和参与，一下子就让新产品成为人们热衷讨论和分享的话题。

让产品本身成为话题，是赋予爆品社交属性的最重要、最直接的方

式，但并不是所有话题都能激发起人们分享和讨论的冲动。比如，时尚人士都喜欢分享那些可以使个人形象看起来"高富帅"或"白富美"的内容，因为分享的话题本身就代表并定义了自己。可见，爆品要想成为一枚具有强大传播力的社交货币，就要自带话题；同样，该话题还要能为商家的形象加分，比如，证明自己有见识、幽默、有品位、有爱心等。

2. 用标签为产品赋予身份的象征

每个人都有一个可识别的、确定的身份，个人的言行不仅会受到角色的控制，还会根据不同的交往对象来设定不同的交往模式。个人的身份或角色是由很多标签组成的，比如，教师、医生、父亲、儿女等属于一级标签，时尚、保守、勤奋、懒惰、好人、坏人、幽默、见多识广等属于二级标签。一级标签基本是中性的，不容易改变；二级标签则带有褒贬，可以改变。

每个人都想得到一个好的标签，比如，时尚。这类人喜欢穿光鲜亮丽的衣服，购买最新款的包包，喜欢出国旅游、追星等，所做的一切都是为了成为时尚人士。

在物质丰裕的时代，消费已经不是个人的事，而是相对于别人的事，人们的消费部分是为了满足生理需求，更多的是为了获得心理满足，表达自己的个性、品味和身份，用消费品来重新定义自身。

互联网时代，试图满足所有人的需求，也就少了差异化，失去了标签属性，要努力成为少数人的首选，成为他们身份的象征。当一件爆品能给用户带来身份的认同感和自豪感时，人们就会在外人面前炫耀自己是它的用户。

3. 将爆品当作馈赠的礼物

分享的过程就是传播的过程，通过分享实现裂变，已经成为移动社交时代重要的获客手段。一旦爆品具备了礼品属性，传播也会相对容易，这也是六个核桃、加多宝、王老吉等品牌拼命往礼品上靠拢的原因。

为产品贴上礼品的标签有很多种方式，比如，六个核桃、加多宝、王老吉，使用的是广告场景的营造和引导。互联网时代，广告，不仅宣传效果不如从前，成本还很高，更需要设计一种分享机制，让产品成为朋友间相互馈赠的礼物。比如，在樊登读书会，会员和准会员都享有一种特权，可以将读书会的链接分享给好友，好友只要下载注册，就能免费听7天，自己还能得到相应的积分奖励。

4. 让产品成为社交工具

《创新者的窘境》作者克莱顿·克里斯坦森说过一句流传甚广的话：用户并不是在购买产品，而是雇佣品牌来完成一项工作。比如，雇佣品牌来打发无聊时间、增进与孩子的感情、让自己的生活变得更美好等。改善人际关系、满足社交需求，则是通过雇佣具有社交属性的品牌来完成的。

有些产品天然具有社交属性，比如，酒，它是人际交往的润滑剂，"感情浅舔一舔，感情深一口闷"，中国的社交文化全在酒里。在中国，酒之所以具有如此高的社交地位，就在于它切入了高频的社交场景——饭局。同样，爆品要想获得同样的社交地位，也必须找到一个适合自己的社交场景。

从传播性上来讲，社交场景是最强的，比如，王老吉的迅速崛起归功于对火锅聚餐场景的精准切入，金六福则归功于喜宴的切入。场景可以强化用户认知，一件爆品在社交场景中多次出现，自然就会被赋予社交属性。

第二节　利用外部环境，激发用户的使用欲望

对于商品，用户一般都愿意购买对自己有价值的，如果感觉某件商品买来没有价值，多半都不愿意掏腰包。因此，要想吸引用户下单，商家就要将外部环境充分利用起来，将用户的使用欲望激发出来。

在爆品的销售中，用户的购买结果往往存在许多不确定因素，商家只有以积极的心态，不失时机地刺激用户的购买欲望，才能将一些潜在的成交变为现实的成交。

研究表明，用户购买习惯遵循 80∶20 公式，即在人们的头脑中，感情的分量与理智的分量分别占 80% 和 20%。很多时候，用户的购买行为会由于一时的感情冲动而影响到原来的购买计划。因此，在销售过程中，要打动用户的心，而不是脑袋，因为心比脑袋离用户的口袋更近。

心即感情，脑袋即理智！在爆品的销售过程中，要以情景为背景，以服务为舞台，以商品为道具，通过环境、氛围的营造，使用户在购买过程中口、耳、鼻、眼、心同时感受到"情感共振"式的体验，通过情景来打动用户的购买欲望，激发用户的共鸣，进而促进爆品的销售。简而言之就

是：以场景来触发用户的购买欲。

一、场景式营销的特点

有时候产品的体验并不能吸引用户买单，需要建立一个场景，营造一种氛围，打动用户的情感，触发用户的购买欲。比如，去宜家买东西，单个家居用品堆成山放在一边，消费者也就不愿意挑选了。如果把沙发、靠枕、茶几、杯盏等装饰成一间客厅，让消费者身临其境，他们就会觉得这几件物品搭配起来非常漂亮，就容易产生购买欲。

概括起来，场景式营销主要具备这样几个特点：

1. 不带目的，随时发生

在场景式营销中，用户的购买行为一般都不带任何目的性，完全是因为某个场景激起了购买的意愿。这就是场景式营销的随时性，随时随地都能购买。例如，用户随意刷朋友圈，看到好友晒的照片，照片中的某件衣服、某块手表，都会成为诱发用户购买欲的因子。只要用户跟好友提问，好友就能立刻将链接推送给用户，用户就能下单付款。

2. 多样性的立体化

物以类聚、人以群分的群体特征，让场景式营销变得更为多样化和立体化。比如，某服饰品牌推出了一个活动：根据不同场景的需要，用户可以选择合适的服装搭配，对几个品牌进行整合。目前，已经分隔为"浪漫约会""上班族""户外生活""郊外度假"四大类，每类风格中还有更为细分的场景。模特展示时，身着与场景匹配的服饰，用户可以一目了然。

3. 产品和话题没有相关性

跟朋友聊天的时候，本来聊的是育儿问题，结果聊着聊着，就和朋友聊起自己最近正在做的产品、最近购买的产品。基于对朋友的信任，你就会产生购买的欲望。从育儿聊到产品，彼此之间毫无联系，发挥作用的是朋友这个"人"。这种场景式购买就体现了不相关性。

如今，场景式营销正在撬动移动互联网的大局，移动端为众多商家设计场景提供了更多的机会，搭建场景营销能够满足用户多元化的需求。科技在进步，产品在迭代，体验也必须日新月异，才能与时俱进。

二、用场景激发用户购买欲

要想激发用户的购买欲望，可以采用以下三种方法：

1. 营造热销的氛围

为了引起用户的好奇心，可以利用灯光、视频演绎、道具展示等，营造和渲染出一种热烈的销售气氛。只要用户受到现场氛围的感染，就会产生购买意愿和冲动。

（1）将道具、促销用品等摆放在醒目的位置。道具摆放的位置不够醒目，用户进店看不到展示产品的道具，用户就很难注意到；将促销品藏在某在地方，看到用户决定购买后才拿出来，用户就无法感受到促销的热烈气氛，购买欲也会变淡很多。因此，要想营造热销氛围，就要将道具、促销用品等摆放在醒目的地方。

（2）视频演绎渲染气氛。商家的电视中只播放娱乐节目，与销售的爆品无关，不仅不能吸引用户，还会让工作人员分心。因此，要想推动营销的进行，就要有针对性地播放一些与爆品有关的广告或科普知识等，营造出专业、时尚的销售形象。

2. 对价格进行合理拆分

具体方法如表 7-1 所示。

表 7-1 价格拆分方法

方法	说明
降低接受难度	将爆品的价格拆解，并转化为用户生活中必需花销的数目，将其与用户必须购买的其他商品等价，促使用户在心理上接受，就能激发购买欲望。例如，用户在为购买一件价格为2000元的风衣而犹豫不决时，商家可以这样对她分析："女士，这款风衣是今年的最新流行款，只要认真保护，穿5年应该没问题，多会儿都不会过时。相当于每月只要30元，就能买到好风衣，很划算！"相对2000元来说，用户还是比较容易接受30元
分解额度较大的价格	将较高的价格分解为数额较小的价格，用户往往更容易接受。例如，一副1000元的眼镜，可以将其均分到3年中，即每年花费300多元、每月花费仅20多元。最终，金额就会从最初的1000元表现为每月的20多元

3. 运用第三方的影响力

在销售爆品的过程中，运用第三方作为例证，可以使用户获得间接的使用经验，从而引起相应的心理效应，快速认可产品及其性能，刺激购买欲望。如果能够运用名人或专家等充当第三方的角色，则说服力更强。

（1）名人。将名人作为销售过程中的第三方，以名人的购买行为作为证据，用户就会在心理上更加信赖爆品的质量和品位。因此，商家要注意搜集名人购买和使用商品的信息，跟客户沟通时，可以为他们提供相应的资料和事实，说服用户进行消费。

（2）专家。专家在专业领域具有较强的权威性，以专家作为第三方，可以使用户增加对商品质量的信任度。当然，若要采用专家作为第三方影响力，必须出具有关的专家言论证据（例如报纸、证书或有关实验数据）。

第三节 从用户心理出发，发挥情绪的能量

从用户心理出发，满足用户的心理需求，是销售成功的法宝。只有想用户之所想，急用户之所急，站在用户的角度想问题，才能赢得用户的认可，继而让他们认可你的爆品。

烟台大樱桃，山东省烟台市特产，中国国家地理标志产品。大樱桃以其色泽鲜艳、晶莹剔透、香甜可口、营养丰富，被誉为"果中珍品"，具有极高的营养价值和商业价值。"北方春果第一枝"就是烟台大樱桃的代名词。2007年12月10日，原国家质检总局批准对"烟台大樱桃"实施地理标志产品保护。

烟台大樱桃是继中国樱桃之后，春季上市最早的果品，故有"春果第一枝"的美称。其果实色泽鲜艳，晶莹美丽，红如玛瑙，黄如凝脂，营养特别丰富，果实富含糖、蛋白质、维生素及钙、铁、磷、钾等多种元素，因而被誉为"果中珍品"。烟台樱桃个大好吃，低温保存效果较好。

项目分析：

按照红枣案例的爆款思维逻辑，此次的产品选择依旧是同类型中的佼

佼者，但樱桃不同于其他的水果，容易损坏和不便运输是客户体验的一大难题，红枣项目时与多家快递公司达成专属合作，所以在运输上有独特优势。

樱桃售卖是预售，所以此次依旧是围绕产品的核心卖点挖掘，以及将客户的购物体验做到极致。

卖点一，地理优势：山东烟台樱桃，是烟台四大城市名片之一，也是樱桃中最贵的品种之一。原产地是有着"樱桃生长的天堂"之称的烟台福山张格庄镇。

北纬37°创造的神奇——樱桃天堂、历史名城。

北纬37°，被史学家奉为"神奇的纬度"，此黄金纬度上之城，被称为"味蕾上的城市"！

山东烟台，地处北纬37°，具有年均日照长、降雨量多、无霜期长等特点，十分适宜樱桃生长，被誉为"中国大樱桃之乡"！

卖点二，对标车厘子——中国最轻奢的樱桃。

产品优势介绍：

绝佳美味：果味香浓，回味悠长；

表皮：晶莹剔透；

果实：殷红饱满；

果肉：硬脆多汁；

果核：核小肉厚；

口感：酸甜可口。

梳理完核心卖点，如何建立与消费者的互动，从而获得他们的认同感呢？

第一，猎奇。

秀档案：为每位果园主建立农人档案，让生产公开透明化，对农药零容忍；

秀生产：24小时直播果园生产过程；

秀运输：空运极速送达，天然保鲜，无损口感。

第二，化妆。

秀试吃：万人试吃团，多城市免费试吃活动，寻找最美的味道；

秀监督：高薪招募全球10名较真检查团；

秀文化：爱秀、敢秀的文化；

秀梦想：连秀的勇气都没有，梦想还如何实现，大胆秀出你的梦想，与你我他分享；

秀诱惑：秀出你的诱惑"樱"姿，秀出你不得不说的故事。

第三，利益。

秀创业：加入我们樱桃事业，共同创业。

卖爆品，就好比谈一场恋爱，需要通过各种定位，来吸引目标消费人群，让他们找到你、了解你，并爱上你。

爆品营销推广的关键就是理解用户的心理。心理因素是影响用户购买决策的主要因素，作为以社交为基础的商家就更要了解用户的心里所想了。掌握以下十大用户心理，成交率必然会翻倍：

1. 看重附加值

在产品越来越同质化的情况下，用户不仅看重爆品，更重视它的附加值。因为产品的附加值不仅能给用户带来名誉、荣耀和自信，还有更优良的售后服务。

2. 更相信权威

什么是权威？国字号、有认证、国外授权、媒体专家提到的。用户一般都相信权威，相信专家，只要是权威说过，只要是专家说过，多半人都会觉得可信，就会接着往下看，如此也就给了商家机会。比如，面膜。为了提高产品的说服力，就要向用户提供以下说明：专家说、明星说、知名人物等。

3. 买了就后悔

购买了某款商品后，用户可能会觉得不值，比如，衣服没有想象中的好看、化妆品没有宣传的有效等，一旦查到其他商家的比你的好，他们可能就会将你的商品退掉。

4. 喜欢占便宜

占便宜，是人性的使然。大家付出同样的钱，比他人多买了或多享受了，这个人可能就会觉得很开心。因为他们会觉得自己捡到了大便宜。为了满足用户的这种心理，就要将价格压低一些。当然，并不是要将价格尽可能卖得低廉，而是要让用户觉得自己享受了更多的优惠。

5. 喜欢跟他人比较

人们都喜欢攀比，只不过，有的人重些，有的人轻些罢了。为了应对用户的这种心理，商家在介绍自己的商品时，就可以这样说：我家的就是比他家的贵，但是我家贵的就是好；我家的商品虽然便宜，性价比很高，贵有贵的道理，便宜有便宜的益处。

6. 人们都很"懒"

懒惰是人类的本性，爆品销售更容易满足人们的这种心理。因此，要想让用户对产品产生兴趣，就要坚持下面几个原则：购买简单、支付简单、退货简单。

7. 喜欢随大流

中国人喜欢热闹，都喜欢随大流，看到人们一窝蜂地去购买某款商品，其他人可能也会立刻掏腰包。这些人的心理往往是：既然这么多人都在买，至少说明该商品确实不错！商家要抓住用户的这种心理，主动烘托气氛，用数字说明，积极打造爆款，引导用户的从众心理。

8. 都想出名

很多普通人都有成为明星的梦想，在打造爆品的过程中，就要将他们的潜质激发出来，让他们成为焦点。那么，如何才能让用户在消费后成为其他人关注的焦点？两个字——分享。要引导用户将自己的体验表达出来，并分享给自己的朋友。分享的次数多了，用户的影响力自然也就慢慢增加了。

9. 乐于炫耀

很多用户都喜欢炫耀，打造爆款的时候，要让用户把炫耀的资本罗列出来。商家的炫耀资本也就是用户的炫耀资本，用户不知道炫耀的点在哪里，就要教给他。

10. 看中面子

人们一般都异常看中自己的面子，商家完全可以从这一点入手，吸引用户的关注力。比如，在沟通过程中，要维护用户的面子；用户投诉，也要给用户留面子。

记住,用户的购买行为多半都是心理作用的结果,要想成功吸引用户下单,就要紧抓用户心理不放。坚持做到这一点,必然会有所获。

第四节　拓展可讨论空间，引发人们的讨论

讨论是互动的一大方式。讨论，容易形成一种欢快的氛围，不仅有利于传授产品知识，还能够帮用户解决问题。因此，在销售爆款的过程中，要多设计一些题目，让用户参与讨论，激发出他们的参与热情。

找到一个核心族群后，最重要的是引爆用户参与感。庞大的互联网信息体系，大部分是由用户参与制造的。

谷歌广告策略规划团队曾经发现，2014年网民拍了3800亿张照片，占据了自古以来拍摄照片总数的10%。在互联网上，用户的参与感是一种能量交换。在互联网上，分享视频或图片，不仅是在共享这个事物，还是在分享这个事物引起的情感反应。这种能量交换每天都会发生数以亿计。不管是发帖子、评论、点"赞"，还是转载，在新视觉文化中，都可以与彼此互赠小礼物或共享快乐瞬间。

用户的参与感也是一种创造力游戏，一次火爆的线上活动，不仅可以直接带来转化，更能积累用户口碑，可谓"名利双收"。那么，到底如何

才能策划一场成功的活动呢？

1. 诱惑大，参与人数不一定多

相信很多人在生活中都有过这样的经历：

商家搞互动，宣传广告是"买××送苹果手机""买××送奔驰"，有些地产界还使用了这样的宣传语："买房送老婆！"看到这种信息，多数人都会立刻停下来，仔细看看，之后离开。

如果在十几年前，看到这样的广告，可能人们会马上参与活动，但在信息太泛滥的今天，看到这样的广告，用户一般都会心生个怀疑：这个活动是真的吗？中奖概率高吗？一旦有了这种担心，人们就会抬脚走人了。

2. 诱惑小，参与度不一定少

为了激活老用户，提高用户活跃度，某商家曾做过一个活动，名字叫"腊八节抢开光福袋"。

奖品是一个价值不到5元的福袋，"去寺庙祈福开过光"是一个附加值。

活动采用"抢楼"的方式，即：跟别人一起抢答问题，只要抢到楼主说的楼层，就能得到相应的奖品。

中午12点活动一开始，用户就开始踊跃参与；下午2点，竟然达到了2000多层，30多个福袋全部被抢空。另外，即使抢到了福袋，也需要到商家领取，虽然天气较冷，用户需要坐1～2小时的公交车，福袋依然在不到两天的时间内被领完。

这次活动之所以能举办成功，主要原因有：①借势传统习俗"腊八"的热点；②福袋被赋予了仪式感和神圣感。

通常，在选择传播噱头时，最好击中用户的痛点。如果找不到好的契合点，就要借助奖品，可是奖品只能作为诱饵，用来锦上添花。另外，选择的奖项，不仅要切合用户的心理诉求，还要有价值。因此，在选择噱头时，首先要对用户心理进行分析。

切合用户心理需求要从"情怀"入手，而借势大小节日，是入手"情怀"的最简单方式。因为，它抓住了用户心中对节日憧憬的硬性需求。用普遍认可的"情怀"去激起用户共鸣，就能激发他们参与活动。

3.免费参与，效果不一定好

为了增加用户的参与度，很多商家会打着一些免费的旗号，可是，免费参与真的是一个好主意吗？

营销界有这样一个比较出名的案例：

罗永浩是锤子手机的创始人，其实早些年他还做过英语培训。当时，他设计过一个"1块钱听8次课"的活动，即用户只要花1元钱就能听前8次课，如果觉得满意，就支付全款继续听完剩余课程。采用的广告文案和宣传画是："一块钱可以买什么？一枚鸡蛋，一节电池……或者到'老罗英语'听8次课。"

这个营销噱头确实不错，如今还被广大的教育机构所模仿。

罗永浩为什么不让人们免费参与？

首先，免费参与这种形式不利于筛选优质用户。任何人都能够参加，对一些优质用户来说，会觉得"便宜没好货"，也许会放弃参与。

其次，不利于培养用户付费的习惯。用户习惯了免费，如果后期实行付费，也许不能接受，甚至会逃离。

再次，免费不利于变现升值。只有将费用一步步提高，才能让用户慢慢地接受。

4. 延长推广时间，参与度不一定高

很多商家认为，活动推广的时间越长，知道的人越多，参与度就会越高。其实，传播周期太长，用户就无法把握参与活动的时间，就会直接影响到最终的参与度。

现场活动都会设定一个时间点，让用户太早看到，他们就会想：到了那个时间，自己能不能参加，有没有时间参加……活动推广的周期太长，很容易错过传播的黄金时间。

从信息发布到一次传播、裂变以及销声匿迹，一个传播周期最长是7天，也就是说推广周期最长不能超过7天，这也是很多活动在前3天报名率最高的一个原因。基于以上考虑，爆款的推广周期最早应该提前一周，最晚3天，最好是3~5天。

当然，要想把握信息传播周期，最好使用两轮推广，将"软+硬"结合起来。第一轮推广，用故事性或好玩的段子，吊足用户的胃口，让他们轻松接触到活动信息；第二轮的时候，可以使用硬广信息，比如，打折信息等。

第五节 用生动的故事进行口口相传

人们都喜欢听故事，感人的故事、凄惨的故事、幽默的故事……一句话，只要故事有笑点、乐点、情点，就能让用户动情，从而使他们感同身受，继而接受你以及你的产品。爆款的打造，同样需要生动的故事做铺垫。

人们都喜欢听故事，打造极致爆品，就要借助故事的力量。通过故事的形式，在用户消遣谈资中，让爆品被无形传播。爆品之所以能爆，不止是因为品质好、口碑好，用户之所以黏它，往往是产品幕后的故事令人动情，用了之后，更生信任。

故宫的文创衍生产品年销售额超 10 亿，一款"仙鹤纹样睡衣"就引发了众人围观。

其实，这款"仙鹤睡衣"是故宫文化节目《上新了，故宫》的亮点周边产品，该节目邀请邓伦、王丽坤、周一围等明星作为"故宫文创新品开发员"，跟随故宫专家进宫识宝，了解文物背后的故事。

由此，"仙鹤睡衣"就诞生了。

睡衣的灵感来源于乾隆期间的戏衣，以及畅音阁天花板中的蝙蝠和仙鹤纹样。蝠即"福",鹤即"贺",代表的意思就是"吉祥如意"。有些网友甚至留言称:"穿上就要登基了""穿上感觉有王位要继承"……这款睡衣受到了人们的普遍喜爱,故宫的衍生产品确实很妙。

这种品牌营销以历史为底蕴,以更贴近当代年轻群体的方式俘获了所有人的心,形成了爆点。也就是说,是故宫的"品"将"仙鹤睡衣"打造成了爆品。

现在,商品已经不再是单纯的商品了,虽然从表面上看起来,这种说法似乎并不合理,但事实就是如此。需要赋予它灵魂,让它有内涵。例如,前几年大火的褚橙,已经不再是简简单单的橙子,而是励志的象征,描述的是一位古稀老人不懈奋斗的经历,通过其精神为产品注入了更多内涵。

因此,打造一个爆品,不仅要从外观着手,还应赋予产品更多的内涵价值,也就是要做到产品要有故事可讲。很多的潜在用户是感性的,通过故事讲述的方法,更容易得到他们的认可,促使他们去购买爆品。

目前,市面上很多商家都通过给产品添加动人的故事来扩大其推广范围。在设计包装产品的时候,完全可以适当加上一个故事,可能会产生意想不到的结果。

互联网时代,没故事的企业很可怕,有故事不讲的商家很吃亏。讲故事,首先能让别人发现你,然后了解、喜欢、信任你,最后才能达到买卖的目的。没有故事,一切将无从谈起。有故事的人似乎更有吸引力,同样一个有故事的企业,也会被某种吸引力笼罩,做起生意来会更加得心应手。相反,没故事的企业则可能碌碌无为,惨淡经营。

1.将故事与数据结合起来

通过讲故事的方式，能够极大地调动用户的沟通兴趣，也能极大地提升用户的倾听欲望；不仅能给用户传达自己的价值观念，也能够让用户更容易接受你需要传达的信息。

在跟用户沟通的时候，商家要向用户介绍自己的爆品，产品的性能和数据是不可避免的，但如果是按照一般的方式，给用户讲自己的产品数据，不仅用户听着枯燥，也未必听得懂，这样就会让用户产生一种厌烦感，商家想给用户传达的信息，用户也就无法接收到，也就很难去推动销售的进展。

通过讲故事的方式，将数据与故事结合起来去讲给用户听。用户听到生动的故事，就会非常愿意倾听；商家将数据放在故事里面讲给用户听，用户也更容易接受。在讲故事的同时，也就给用户把产品的各方面性能和数据介绍清楚了。这种沟通方式，无疑是更加有效的！

2.给用户讲自己的故事

所谓讲自己的故事，也就是说，在给用户讲故事的时候，如非必要，应该用第一人称去描述故事。如此，才能增加代入感。因为，在用户听来，这是你亲身经历过的事情，对于他们来说，这无疑是更加可信的。而且，用第一人称讲故事，会给用户一种你把他当成朋友，而你讲的故事，是在跟朋友做自己的经历分享。在营销策划公司看来，一下子就能拉近与用户的距离，让你与用户能够迅速地建立起一个良好的关系。

3.适当运用各类修辞手法

在给用户讲故事的时候，有些方面的东西可能用户很难理解，而有些方面的东西正常的表达方式，又不能很好地体现想要展现出来的观点。而无论是哪一种情况，如果直接跟用户去进行表达，就无法起到应有的效果。但是，如果采用明喻或暗喻等修辞手法，采用用户更容易理解的事物或概念对用户进行自己的观念展示，用户就能直观地理解商家想要表达的观点，接受起来也会更加容易，沟通起来定然也会更顺畅。

其实，通过讲故事的方式去给用户讲观点、讲产品，最终目的还是为了让商家更好地被用户接受，能够与用户做到更好地沟通。笔者认为，爆款的销售其实就是与用户建立关系，找出用户的问题和需求，最后根据自己的知识去解决用户问题、满足用户的需求。而这一系列的流程想要做得更加有效，就需要商家跟用户保持有效的沟通。因为，沟通是商家给用户传递信息的方式，也是商家收集用户信息的方式。

第八章
制胜互联,需要具备五大爆款思维

移动互联时代,痛点思维、整合思维、服务思维、跨界思维、事件思维都是流行的思维,也是企业发展壮大的创新思维,更是商品销量提高的积极思维。因此,爆款打造,这五大爆款思维不可少!

- ◆ 痛点思维:抓住用户痛点,就抓住了一切
- ◆ 整合思维:整合各种资源,为己所用
- ◆ 服务思维:为用户提供高质量的服务
- ◆ 跨界思维:跨一步,才能走出去
- ◆ 事件思维:紧跟热点事件,提高影响力

第一节 痛点思维：抓住用户痛点，就抓住了一切

找到用户未被满足的需求，抓住用户需要解决的问题，为用户解决问题、消除痛苦，就能赢得用户的好感，就能让他们信任你，就能引导他们成功下单。打造爆款，同样如此。

通常做营销或者产品时，商家都希望找到用户的痛点，但什么是用户痛点？痛点就是用户最痛的需求点，即未被满足的需求。

找痛点是一切产品的基础，是一切创新的基础，也是一切失败的源头。在互联网的"流量黑暗森林"里，必须对用户的需求做深度的强挖掘，产品力做到100分都不够，要做到120分才能秒杀市场。只有抓住用户最痛的那一根针，产品的引爆才有可能。因此，找痛点也是做爆品的基础。

一、什么是痛点

痛点界定有两个方面：

1. 发现未被满足的市场需求

只要该市场需求未被满足，肯定就有痛点，就存在巨大的商机。举个

例子,"厌恶等待",比如,打车的时候需要等待。互联网的出现,让许多事情变得极其简单和快捷,这就使得习惯了快速的"新人类"很难适应等待。在父辈看来完全可以容忍的等待,在"新人类"这里却变成了一类显著的痛点。打车软件就是抓住这一痛点,进行了商业模式创新,自然受到了用户的欢迎和热捧。

2. 倾听用户的声音,锁定用户的抱怨与不满

要做到这一点,就要特别关注那些喜欢抱怨、挑剔的用户。因为他们的抱怨和挑剔也代表了一种声音,通过这种声音,就能找出痛点。因此,要找出最喜欢抱怨的用户,听听他们的抱怨意见,然后分析哪些原因是切实存在的痛点。

二、痛点的提炼

痛点提炼是痛点挖掘中的核心步骤。用户的痛点,就像一个金字塔,有一级痛点、二级痛点、三级痛点、四级痛点、五级痛点、六级痛点、七级痛点等。其中,一级痛点就是用户最痛的需求点,也是用户产生购买行为最重要的一点。所以,在众多的痛点之中,要把一级痛点挖掘出来,打磨产品的时候,就瞄准用户的一级痛点。

一级痛点的挖掘,要把握几个很重要的方面:

1. 需求问题

用户购买某一款产品,首先考虑的是产品功能,产品是否能够解很好地决自己的问题。比如,用户想买一台玩游戏的电脑,首先考虑的就是电脑的流畅程度;如果买电脑是为了做设计,首先考虑的就是电脑分辨率是否过关。在用户痛点提炼的过程中,要分析以下几个问题:

①用户最在意产品的哪些功能；②哪些功能或服务需要进一步优化，才能够提升用户的使用或体验效果；③哪些功能会给用户操作带来方便或麻烦。

2. 价格问题

价格往往对应着产品或服务的价值。如果某个爆品同样能满足用户的需求，用户就会考虑产品带来的整体价值。事实证明，用户更愿意追求更高性价比的产品，期待以更低的价格买到超值的产品。那么，如何刺激用户性价比的兴奋点呢？方法主要有两个：（1）产品的价值。要大幅度提升产品的价值，让产品价值超出同类型产品的价值，从做工、用料、设计，包括产品形象、产品功能、产品的品牌价值等方面来提升整体产品价值；（2）产品价格低。降低产品成本，需要从降低各种费用开始，比如，推广费用、渠道费用等。

3. 效率问题

用户追求的是如何更好地获得满足，只要能更快地满足用户，就能赢得订单；用户期待购买最方便、行动最快速，喜欢享受产品带来的快感与满足。因此，只要让用户减少等待、提高效率，就能为用户节省更多的时间，还可以提升用户的真正体验。应注意考虑以下几个要点：①如何让用户更便捷地购买产品或服务；②如何让服务流程或操作流程更简短，更节省用户的时间；③如何提升物流速度或者服务上门速度。

4.体验问题

用户情感作为用户心理活动的一种特殊反映形式,是用户对于产品能否满足自己心理需求的一种心理感受,也是用户对产品与自己心理之间关系的反映。在消费过程中,用户可能会经历多种情感。所谓用户体验,就是用户使用商品后的最直接感受。这种感受包括操作习惯、使用后的心理想法等。如果产品或服务在用户体验方面存在问题,或用户使用不爽,就会存在痛点。

三、痛点的检测

痛点提炼的步骤:提炼出用户的痛点——把这些痛点放到市场中去检测——邀请用户体验测试版的产品——从用户角度再次检测痛点是否成立。反复循环,然后再对痛点做修正,对产品重新做打磨。

痛点检测可以从三个方面入手:倾听用户的意见、观察用户购买行为、用户数据分析。

1.倾听用户的意见

在倾听用户意见的过程中,可以使用问卷调查、访谈等方式进行,收集到用户的反馈意见。

2.观察用户购买行为

在观察用户的购买行为时,要考虑到用户是通过哪些渠道进行购买的,用户在购买时是否便捷,用户在使用过程中遇到哪些问题等。

3.用户数据分析

商家要对用户的购买行为进行认真观察和了解,因为这些行为完全可以反推爆品。

  在分析用户数据时，要结合市场上的数据进行分析，发现更多的用户需求。可以收集用户意见、用户评论等，找出评论中的关键属性进行数据分析。

第二节　整合思维：整合各种资源，为己所用

销售的成功，离不开资源的整合。仅凭自己的一己之力，可能任何事情都做不成。因此，打造爆款需要将各类资源充分利用起来。记住：不懂整合，必定失败！

什么是资源整合？先看下面这个故事：

有一位重点大学大三的学生，看中了学校新建食堂四楼的一块大厅。大厅旁边是一个隶属于学校的高级餐厅，高级餐厅的生意一直都很一般。目前，大厅闲置，该学生想低价把这块场地拿下来。因为学校有几万名学生，虽说在食堂四楼，但如果宣传得当，还是有学生愿意来的。

该学生向专业人士请教，问该如何运用这块场地发展事业。他最擅长的是英语，如果运用这块场地做一些与英语有关的服务，不失为一个好项目，目前大学生对英语，以及小语种的需求还是非常大的。

专业人士给他提供了建议，之后他开始了自己的运作：

（1）场地问题。后勤主任最关心的是他西餐厅的生意，该学生跟后勤主任说："我有办法给你带来生意，保证每个月你能有 2 万元的营业额，我的条件是免费使用你那块闲置的场地。"

（2）项目内容。该学生将自己的项目与外面的培训机构区分开，重新定位英语培训。这个场地不是用来做任何商业行为，只是用来带领学生晨读英语，一个百人晨读英语的培训项目就诞生了。

（3）晨读英语的权威性和可信度。为了塑造个人的服务价值，该学生找到新东方，跟他们说："我想帮你们招生，至少一个学校帮你们招100名学生，我的条件是提供培训资料的视频与老师。比如，提供一个老师，每周来学校一两次带领同学晨读英语，晚上在这个场地播放培训相关视频，为新东方招生做宣传。"

（4）轻松解决招生问题。该学生找到英语俱乐部的会长，告诉他："我给你们协会找了一个定点读英语、开会、做活动的地方，同时还给你提供一个单独办公室，我的条件是，能够动用协会的力量帮我招晨读学生，协会里的人可以免费参加，只需要缴纳3.5元的早餐费。"

准备工作做完了，该学生在学校内宣传"新东方老师带领你晨读！每天一小时，英语轻松过四六级"。

如此，一个多方借力、多方获利的经典营销案例产生了。最终每一个参与方的获益情况如下：

（1）该大学生通过英语俱乐部招到400名学生，每个学生每天早晨6元，按月收费，每个学生毛利为3.5元，一个月毛收入为42000元；

（2）英语俱乐部免费获得了办公室与活动场所，提高了协会形象；

（3）后勤集团每个月收入增加，还带动了四楼的餐厅生意，营业额提高了45%；

（4）新东方通过晨读与晚上的视频学习，在一个月内招到46名学生，一个学期招了近200名。

通过一年的运营，这个大学生运用杠杆借力和简单的资源，轻松赚取了人生的第一桶金。

要想打造爆品，同样需要集中大量的资源优势，包括人力、物力、财力和精力。

单品思维不是说只做一个产品，而是要通过资源的整合利用，把优势和资源都放在打造爆品的渠道上。爆品的形成，有利于让企业品牌和产品品牌保持一致，即坚持一种核心产品的理念。

资源整合是一个为实现长远利益而做出的战略决策，随着市场的变化与发展，只有将各种资源整合起来，才能打造出好的爆款。当然，需要极强的战略协调能力。企业必须设立动态战略综合指标，调控资源能力，完善企业战略。

一、资源整合策略

企业即使资源再多，也是有限的，不能只关注已有的资源，还要充分利用外部资源，让社会资源能更多更好地为企业的发展服务。对于一家企业来说，即使没有厂房，没有机器设备，没有员工，同样也能生产出产品。因为，这类企业并不是真的没有资源，而是充分利用了社会资源，进行了虚拟研发、虚拟营销、虚拟运输以及虚拟分配等。

有的企业脑体分离，虽然只有几个人员、一间办公室，却利用外部的土地、厂房、技术人员、管理人员、劳动力、原材料等生产出大量产品。同样，在爆品的营销策划过程中，也要开阔视野，将社会资源充分利用起来。

概括起来，资源整合可以分为三种形式：纵向整合、横向整合和平台式整合。

1. 纵向整合

所谓纵向整合就是处于一条价值链上的两个或多个厂商联合起来，结成一个利益共同体，对产业价值链资源进行整合，创造出更大的价值。比如，传统的"原材料供应—设计制造—产品分销"就是一条典型的纵向价值链。

爆款的打造，企业要考虑的问题是：自己是否处于价值链上最有利的位置？是否在做最适合自己、最能发挥自己优势的工作？如果不是，哪些环节上没有相对优势？应该整合哪些具有相对优势的资源？那么，如何整合？为了说明这些问题，我们下面就以花店为例。

按照传统的经营方式，花店从花农处采购鲜花，然后卖给用户。但是，这并不是最好的经营方式。花店完全可以放弃传统的经营方式，与花农和快递公司结成战略联盟。具体过程如下：花店作为鲜花的订购中心，用户到这里订购鲜花（可通过网络或电话订购），花店记录下用户订购的花的种类和数量，发给花农，通知花农准备鲜花；记下用户希望送达的地址，发给快递公司，由其从花农处取得鲜花，再送给用户。

花店与快递公司的合作，对快递公司的运输资源进行了整合，把两方合作变成三方联盟。如此，不仅扩大了生意量，还能让各参与方都获得更多的收入：花农可以卖出更多的花，快递公司可以得到更多的生意，花店能够得到更多的订单。用户也可以享受到更便宜和新鲜的鲜花，以及方便快捷的上门服务。

2. 横向整合

所谓横向整合就是把目光集中在价值链中的某一环节，合理利用和整合这些资源，提高该环节的效用和价值。

不同于纵向资源整合，横向资源整合是把不同的资源看作是位于价值链上的不同环节，需要各企业找准自己的位置，做最有比较优势的事情，协调各环节的不同工作，共同创造价值链的最大化价值。

3. 平台式整合

不论是纵向，还是横向资源整合，都要将企业作为所整合资源的一部分，联合其他资源得到最佳效果。而平台式资源整合却不同，它考虑的是，企业作为一个平台，整合供应方、需求方甚至第三方的资源，不仅要增加双方的收益或降低双方的交易成本，自身也会因此获利。

二、常见的资源整合方法

常见的资源整合方法有以下八种：

1. 联合调查

市场调查工作量大、专业性强、费用高，要想克服这些不足，企业就要联合起来。例如，儿童服饰厂商可以联合儿童玩具厂商、儿童食品厂商、儿童图书厂商等，一起来调查经济环境、技术环境、文化环境、用户状况等。

如果选择同业竞争对手做联合调查伙伴，为了最大程度地节约调查资源，则可以使用完全同样的调查问卷。但由于竞争等种种原因，这种联合调查比较少见。

2. 业务外包

业务外包，也称资源外包、资源外置，是指企业基于契约将一些非核心的、辅助性的功能或业务外包给外部的专业化厂商，利用它们的专长和优势，提高企业的整体效率和竞争力，降低成本、提高效率、充分发挥自身核心竞争力，增强企业对环境的应变能力的一种企业管理模式。业务外包的具体形式有：生产外包、销售外包、供应外包、人力资源外包等。

3. 资源共享

所谓资源共享就是把本企业的资源跟其他企业共享，共享方式可以是有偿的，也可以是无偿的。如此，不仅可以充分利用现有资源提高资源利用率，还可以避免因重复建设、投资和维护造成的浪费，实现优势互补。

任何企业都不可能在所有的资源类型中都占有绝对优势，即使是同一资源，在不同的企业中，也会表现出极强的比较优势，企业资源互补融合也就有了可能。要想获取对方的独特资源，就要通过双方的合作，实现共享和互补。

4. 联合研发

在产品技术日益分散化的今天，任何企业都无法长期拥有生产某种产品的全部最新技术，单纯依靠自己的能力，企业已经很难掌握竞争的主动权。为此，要尽量采用外部资源，积极创造条件，努力实现内外资源的优势相长。

爆款的开发要经历一个复杂的过程，从寻求创意到新产品，一般都需要花费大量的时间。现实情况是，市场环境复杂多变，爆款开发上市的成功率很低。各企业共同开发与提供新产品，不仅可以进行技术交流，减少人力资源闲置，还能节省研究开发费用，分散风险，共同攻克技术难题。

5. 合作

通过合作将不同的资源组合在一起，共同经营，共担风险，实现双方资源和能力互补，达到共同发展的目的。

2017年，知识付费浪潮迭起，我们团队通过将传统培训行业和移动互联网相结合，通过一套具备裂变营销功能并且能形成线上线下闭环的知识付费系统，成功打造出了一款知识付费领域中的独角兽，该款产品是传统培训界转型线上的一次成功案例，平台主讲导师曾是线下培训行业里的一名普通培训导师，从最开始的每场一两百人的线下培训会，通过转型将线下和线上移动互联网相结合运营引爆，目前每月线下会场人数均保持在两三千人，线下会场人气提高了近20多倍，平台上线一年累计超过428万粉丝，全平台内容浏览量1亿+，每日拥有40万+活跃粉丝在平台上进行内容学习、课程分享和传播，一年收益增加了近200%，综合运营收益超过该导师之前传统培训业务十多年的收益总和。

该项目采用的就是"双线融合+爆款思维"模式。

教育产品和知识付费都不同于其他行业，想要让用户认同你，内容必须要有说服力。优质的内容是吸引客户的手段，而有趣的体验直接决定了能不能留住用户。所以当有了这些核心卖点的时候，我们只需要链接我们的种子用户，为种子用户支付推广酬劳，从消费者变成参与者，从参与者变成创业者。而这一切就需要我们有一套精准的爆款裂变体系。

搭建裂变体系，撬动原始的粉丝用户，让用户有参与感，通过他们来管理粉丝，通过智能化运营产生效益。当然这里涉及很多工具的运用，如粉丝管理系统、微信营销软件、群管理软件等组合工具手段。通过智能化的运营手段，让种子用户推广起来更便捷，且能直接看到效果，同时让这些初始创业者有一定的预期收益。

让客户接触平台的渠道变得简单化，让客户学习成本最大化减少，让客户拥有更好的操作体验，让消费者变成创业者，通过小群体影响大群体，这就是互联网的优势所在。

6. 渠道共享

渠道建设是爆品营销活动中非常重要的一环，也是商家面临的最棘手的问题之一。商家可以在渠道设计、渠道决策、中间商选择、中间商控制、中间商激励、中间商调整等方面展开合作，强化渠道管理，决胜终端。

渠道是一种资源，异业或同业间渠道的借用与共享，可以将售点和展示点的口径大大拓宽，构筑起超越竞争对手的优势渠道。通过渠道共享，企业既把自己的产品安全、及时、高效、经济地从生产者手中转移到用户手中，还能降低渠道建设成本、提高分销效率。

7. 联合促销

所谓联合促销就是两个或两个以上的企业实体，在资源共享、互惠互利的基础上，开放各自的营销资源，共同促销，优势互补，各取所需，各得其所。在竞争激烈的市场环境中，采用这种方式，更能起到理想的促销效果。

8.拓宽产品价值包

要拓宽产品价值包，可以给自己的产品寻找一些配套商品，给用户提供一个完整的功能空间，使产品的价值扩大化、完整化，方便用户的操作和使用，提高产品的附加值，产生"1+1>2"的效应。

第三节　服务思维：为用户提供高质量的服务

服务，是产品和销售制胜的关键。只有为用户提供高质量的服务，才能被用户认可，才能赢得二次消费。服务思维是互联时代的重要思维方式，商家不仅要重视单品爆款，更要重视后期的服务，并努力提高服务质量。

一、知道用户究竟想要什么

在给用户提供服务前，一定要了解用户的不同需求。其实，客户真正想要的不外乎以下几种：

1. 决断力

当用户有重大问题或特殊需求时，商家要用智慧及权限去判断和决定，采取最适当且让用户满意的对策。这一点很重要，但却不容易做到。一定要对员工赋权，让员工有权力在关键的时刻做到最佳的决策与处置。

2. 理解力

用户一般都希望获得商家的理解，比如，对商品不满意，这时候商家就要耐心地跟用户沟通，认真倾听用户的声音与意见。当用户心存抱怨时，更要耐心地跟用户沟通，为用户解决问题。

3. 信心

在跟用户接触或服务时，只有用户对商家有信心，才会接受商家打造的爆品。当提供的爆品让用户满意后，用户才会对商家产生信心，甚至全心全意地介绍给亲友。

4. 配合性

为用户提供爆品或服务，要让用户高度参与，让他们提出需要与意见，要跟用户密切配合。同时，在提供的过程中，部门或同事彼此也需要团结合作，相互配合与支援。

5. 信任性

只有信任，才能促使用户去下单。因此，为了获得用户的信任，不仅要具备专业的技术能力，为用户持续提供好品质的服务，还要打造好的口碑与形象，让用户信任你。

6. 同理心

有时候，只有站在用户的立场去体会用户的需求与感受，才能给用户提供贴心的服务，或迅速而妥善地为用户解决问题。因此，商家一定要有同理心。

7. 能力

商家要具备为用户提供相关爆品或服务的能力，有足够的人力、设施、空间及所需的技术能力，以便完成所承接之服务，且保持好的绩效与品质。

8. 接近性

用户需要爆品时，可以很快地找到商家，甚至找到最合适的人，具体方式有：设置服务专线、便于预约或交易、地点要适合、用户容易到达等。

9. 礼仪

在为用户服务时，要让员工树立良好的态度，比如，有礼貌，热忱，发自内心；同时，还要关心用户，甚至要跟用户成为好朋友。

10. 一致性

商家提供的服务要有一致性的绩效品质，不能因时间、用户或人员的不同而有所差异。也就是说，提供的服务必须维持在一定水准之上。

11. 冷静

为用户服务时，有时候会碰到棘手的难题，或遇到用户发脾气、不讲道理等情况，要让工作人员保持冷静，想出更好的对策去解决。

12. 承诺

对用户所做的承诺，商家一定要实现。因此，不能做不实的广告，对用户承诺的事，不论是否符合公司规定，都要尽力提供。

13. 专业能力

既然要给用户提供好品质的服务，就要让工作人员具备所需的技术、知识与专业能力，还要了解具体的作业方法与程序。

二、服务究竟有多重要

在商业氛围相当浓厚的今天，购买商品的众多渠道、同种商品的众多品牌以及各种五花八门的营销方式，早就让人们对营销活动免疫了，因此可以说，当下销售拼的不是商品，而是服务。可是，服务是看不见、摸不着的，该如何将服务推销出去呢？

服务是无形的，服务营销的核心问题是服务质量，最基本的是需要弄清楚你所经营的到底是什么爆品，人们真正想要的是什么？然后，为爆品定位，了解潜在用户和用户的购买行为，制定有效的传播方案。

要明白，服务不是产品，服务营销也不是产品营销。因为，产品是有形的，看得见摸得着；服务却是无形的。比如，去理发店，在购买前，看不见、摸不着，也无法试用剪发服务。只有下单后，才能知道这项服务是否令人满意。如果一个产品坏了，比如，音响播不了音乐了、汽车的离合器不动了，当时就能知道。但是，要知道一项服务好与不好就难多了，直到这项服务结束了，才能做出正确的评价。所以，曾经是营销重点的产品差异点，在当今时代不会存在很长时间，用户甚至完全不会考虑产品差异的问题。

面对与竞争对手相差无几的产品，现在的商家通常有两个选择：一是降低成本，二是增加商品附加价值。

三、如何打造独特的服务体系

如何才能打造独特的服务体系呢？具体方法如下：

1.加深用户的认知

大脑最容易记住的是"独特的、感官性的、创新的和出众的"事物，因此要想让用户加深认知，就要起一个出众的名字、设计一个独特的标志、喊一句特立独行的口号……被用户记住是赢得订单的关键！其中，最重要的是名字。人类的思维会产生联想，当我们听到一个普通的名字时，联想到的东西就很普通；听到一个出众的名字时，联想到的东西就很特别。有一个出众的名字，就暗示着你的爆品也很出众。

2. 掌握服务营销传播的规则

要想做好服务营销，就要坚持以下规则：

（1）找出用户想要什么。要想将最有说服力的信息传递出去，不仅要告诉用户你的爆品有多棒，而且要让用户知道"我明白你需要什么"。在推销信息中含有词语"我的"，是站在商家自己的立场上说的；而使用词语"我明白"，则是以用户为中心的。因此，想要让潜在用户信任你，就要找出他们想要什么。

（2）让用户看得见你的服务。最好的方法是建立案例。在过去的三年里，你虽然为用户提供了整个行业的最好服务，但很少有潜在用户知道，这样的营销就是失败的。为用户提供好服务，不仅要口头告诉他，还要记录并展示出来，作为证明服务质量的证据，然后传播出去。

（3）一次只说一件事。同时传递了两个信息，多数人都只会接受其中的一个。所以，要想提高服务营销的质量，就不要跟用户东拉西扯，只要直接将最关键的信息说出来即可。

3. 将你的品牌传播出去

服务是看不见摸不着的，服务营销不仅要对服务进行宣传，更要让服务显得更具象化，给潜在用户呈现一些更实在的东西，帮他们做出评估。因此，为了减轻潜在用户的担忧，服务营销更要让服务具象化。

4. 打造独特的爆品品牌

品牌不仅是一个标志，在公众眼里，品牌还是保证。任何产品都不可能让用户百分百满意，要想提高营销量，就要打造独特的爆品，满足用户的独特需求。记住，爆品品牌形象的展现，关乎爆品品牌价值的升降。

第四节　跨界思维：跨一步，才能走出去

跨出去，才能看到更多；走出去，才能走得更远。爆款的打造，也需要跨界！

对互联网人来说，跨界思维是最简单、最有效的创新思维，甚至是颠覆性、变革性的思维。

人与人之间，最大的差别是什么？不是出身和外貌，而是思维的差别，是是否拥有创新思维的差别。而要做到有效的，甚至是颠覆性的创新，就要在创新中采用某种截然不同的思维、做法，不能只进行细枝末节的修补。

当然，要达到这个目的，需要的最简单、最有力的思维，就是跨界思维。

一、跨界的概念和本质

所谓跨界，指的是突破原有行业惯例和常规，嫁接其他行业的理念和技术，实现创新和突破。跨界的本质是创新，是实现巨大创新的方法；跨界是手段的创新，是抓住本质的思维。

跨界思维是一种突破性的思维，能够将"不可能"变成"可能"。在爆品的支付领域，就要不断思考、不断突破"不可能"。比如，支付的时候，不用纸币也行，可以采用的方法还有很多：刷卡、直接扫微信、手机扫码支付。

二、掌握跨界思维、实现跨界打击

1. 拥有跨界意识，广泛获取信息

每一件事的完成，都是解决人的问题，即意识和思维的改变。

首先，要有跨界的意识。无论销售什么爆品，商家都要提高跨界意识。遇到某个疑难问题，采用普通做法收效甚微时，就要尝试一些完全不同的方法，借鉴一些其他领域的跨界思维和做法。

其次，要广泛地获取信息。多看一些其他领域的书籍和资料，了解一下其他学科和领域的重大进展，看看是否有可能与本领域相结合。

2. 储备跨界人才

真正有才华的人、在某个领域获得极高成就的人，往往触碰到了所谓"终极智慧"。当他切入到新的行业中，会采取想不到的新方法，迅速脱颖而出。因此，为了提高爆品的销量，就要努力寻找创新人才，不仅要重视他的能力，还要关注他的从业经历、取得的成绩等。

3. 把握本质，找到目标

跨界思维，本质上是手段的创新。既然是手段，在判断选择哪种手段之前，首先要明确目标和本质，知道自己要去往哪里。不知道目标和本质，跨界也就成了空中楼阁。

营销爆品时，如果要采用跨界思维，首先就要深刻理解品牌营销的本质。品牌营销的本质是将差异化的品牌信息通过合适的渠道传递给潜在用户，了解了这一点，就能采用跨界的、融合的新思维和打法来做爆品营销。

三、落地实践、跨界融合

掌握了跨界意识、储备了跨界人才，把握了本行业的本质，就该具体落实跨界了，具体方法如下：

1. 将相近的领域和环节结合起来

如果某些学科、领域、环节等过去是割裂的，就要尝试将它们结合起来，看看是不是会产生化学反应。比如，在传统思维当中，企业的"产品、研发、营销"等三个环节和部门是割裂的，每个部门都是"各扫门前雪"。产品部门只负责产品设计，技术部门主要负责产品研发，营销部门则只管理产品推广。三个部门的人都只负责自己的当前职责，不仅无法实现突破，还会造成潜在资源的浪费。其实，这时候完全可以采用跨界思维，把这些环节连接起来，比如，用技术思维做爆品营销、用营销思维做产品，以及用产品思维做营销。

2. 充分利用大数据和人工智能

目前，人工智能是最火热的话题，背后的推手则是深度学习技术。深度学习与人工智能的其他实现技术相比，最大的优势在于普适性。有了深度学习技术，为了解决语音识别、图像处理还是自然语言处理的各种不同类型任务，就不需要再开发诸多实现原理迥异的人工智能系统了。

3. 应用底层、普适的原理和技术

将"心理学""互联网""大数据""人工智能"等普适的原理和技术，应用到当前领域，就能实现跨界。人的所有行为都受到大脑的指挥，只要有人存在的地方，心理学就有用武之地。因此，在爆品的打造过程中，就要合理引入心理学的研究成果和原则，努力实现破局和突破。

第五节　事件思维：紧跟热点事件，提高影响力

热点事件，能吸引更多人的关注。借助这一优势，推出自己的爆品，就能在最短的时间内让爆品跟用户"混个脸熟"。因此，要想扩大爆品的影响力，就要提高嗅觉灵敏度，紧跟热点。

前面的工作都做好了，就万事俱备只欠东风了，这个东风就是热点事件。事件是进入大众圈层的通行证，因此做爆品一定要有事件思维，不仅要善于捕捉热点，更要善于策划热点。例如，2015年汪峰向章子怡求婚，现场用大疆无人机空运钻戒，就成功引爆了大众对大疆这一品牌的关注，营销行为一旦上升为新闻事件，就成功进入了大众的视野，具备了引爆流行的条件。

爆点营销的最高境界就是把一个营销做成事件。2015年6月，神州专车通过微博发布了一组广告"Beat U"，因为有明星的参与，营销活动迅速发酵，成为一个事件，引发了大众用户广泛的参与。结果，神州专车作为后来者，一夜之间追上了易到用车。

企业获取流量的方法中，事件营销一直是比较受青睐的，不仅能迅速借助事件打开知名度，还可以以小博大，节约媒体宣传费用，收获很好的

效果。如今，互联网时代的信息冗杂已然超过了用户的接受程度，可能企业花费很长时间精心打磨的内容用户根本接收不到，也没有心情看。当下热点事件在受众脑海中的留存时间越来越短，事件影响力也越来越弱，简直就是来也匆匆，去也匆匆。

怎么办？这个时候，不妨使用"轻、快、爆"的创意来打造一场事件营销。

1. 内容要轻

指的是内容要轻，媒介选择要轻，最好不要使用太复杂、太花哨的创意；而且，媒介最好选用线上的投放方式，以便为事件营销争取最快的时间。

2. 发布要快

市场瞬息万变，预热时间过长，等完成的时候，市场环境可能已经出现了巨变。好的广告创意一般都要经过几个月的打磨，但是效果好的事件营销一般都很快！

3. 让产品"爆"出来

事件营销的爆点要强而有力，在"爆"的方面上，要注意以下几个方面：

（1）节点。要想掌握事件营销的节奏，就要尽可能把控关键人物和时间节点。事件营销最好安排在上班时间，如周二到周四，最好不要周末推荐。

（2）热点。追热点是广告人、营销人的基本功，目的在于迅速增加流量，特点就是借势营销，借助公众情绪达到推广宣传品牌的目的。创造一个事件、一个热点的难度远大于借势热点的难度，因此追热点一定要快，可以提前储备，也可以及时反应。

（3）槽点。在每个人都可以发声的情况下，吐槽的门槛变得越来越低，人们对于吐槽的参与度和扩散性也会越来越强，达到前所未有的高度。爆品完全可以借助吐槽的势能，对人们的吐槽方向进行控制和引导。

（4）爆点。好的事件营销一般都设定了简短、识别度高、传播度高的主题词，比如，"逃离北上广""丢书大作战"等；同时，还会设定统一的视觉符号，创意更是干净简单。

（5）卖点。在整个事件营销的过程中，必须突出爆品的核心卖点。因为只有把握住核心卖点，才能防止流量外溢，营销活动才能达成目的。

后 记

"爆款"很流行,但不可盲从

近年来,"爆款""爆品"等词语和思维火热互联网和营销界,似乎不做爆款就落伍,就会被淘汰,甚至有人认为爆款模式是互联网生存发展的必然模式。果真如此吗?在移动互联进入IP化时代,爆款模式有其可取之处,但也存在较大的缺陷,需要深入思考,审慎运用。

按照爆款理论,"爆"的诱因是解决大的痛点(风口)、极致的性价比(甚至免费或补贴)和超预期的体验,其中核心是极致的性价比(尖叫点),"爆"的目的是极大的销量和口碑,杀手级应用,打通和扫荡市场,一战定乾坤,甚至改变整个行业的生态,尽力实现盈利,至于能否真正盈利则是未知数。

爆款模式有其震撼力和进步性的一面,因为在注意力稀缺和竞争白热化的互联网生态下,"爆"是撬动和洗涤市场的一种有效方式,是快速获取流量的捷径;同时,爆款思维对性价比和体验的极致追求,也是每一个企业努力的方向，尤其是对痛点、品质和体验的重视，更是移动互联时代营销的主旋律。可是，爆款模式也有自己的缺陷，如难度大、风险高，容易拉低品牌的档次，是一种大众化营销模式，忽视了产品的精神价值。

不过，即使爆款模式有诸多的缺陷，但我并不反对爆款模式的适度运用。在以下两种情况下，爆款模式有其用武之地：

第一，经营流量。流量是互联网最宝贵的东西，而流量始于注意力的经营。吸引注意力的方式和路径主要包括：广告、意外、热点、大IP、创新、风口等。爆款是流量经营的有效模式，但不是唯一模式，应该与爆款统筹运用，让流量有效迁移或转化，而不是为爆款而爆款。此时的爆款是起到广告引流的作用，相对于广告推广成本，爆款本身盈利与否并不重要。

第二，颠覆式创新。颠覆式创新是重新定义或改变行业生态的创新，几乎没有竞争对手、赢者通吃，采用爆款战略，可以确立市场地位，占领流量入口。当然，爆款模式只是互联网语境下的一种过渡经营模式，不是必然也不是最佳。对大多数企业来说，或大多数情况下，更应该推崇不断创新、有互联网基因的精品或极品模式，更应该趋向IP化经营模式。

随着时代和科技的发展，移动互联网影响着我们生活的方方面面，同时也打破了传统企业销售模式的单一性，创造了多种利于传播和销售产品的可能。

5G时代已经来临,届时移动互联网生态将迸发出更多惊人的力量,也将再次颠覆传统的销售手段和推广途径。

让我们一起拥抱移动互联网,借力爆款思维和移动营销系统,增大品牌曝光率,创建属于品牌自己的私域流量池,打造出属于企业自己的爆款产品,多维度运营让品牌的创新更有价值,让企业的实力不断壮大!